人大附中新课程新教材实施国家级示范校成果

汽车中的化学

指向核心素养的深度教学实践

贺　新　等著

中国人民大学出版社
·北京·

图书在版编目（CIP）数据

汽车中的化学：指向核心素养的深度教学实践／贺
新等著 . -- 北京：中国人民大学出版社，2021.9
ISBN 978-7-300-29785-9

Ⅰ.①汽… Ⅱ.①贺… Ⅲ.①电化学－中学－课外读
物 Ⅳ.①G634.83

中国版本图书馆 CIP 数据核字（2021）第 168714 号

汽车中的化学

指向核心素养的深度教学实践

贺 新 等著

Qiche Zhong de Huaxue

出版发行	中国人民大学出版社			
社　　址	北京中关村大街 31 号		**邮政编码**	100080
电　　话	010 - 62511242（总编室）		010 - 62511770（质管部）	
	010 - 82501766（邮购部）		010 - 62514148（门市部）	
	010 - 62515195（发行公司）		010 - 62515275（盗版举报）	
网　　址	http://www.crup.com.cn			
经　　销	新华书店			
印　　刷	天津中印联印务有限公司			
规　　格	185 mm×260 mm　16 开本		**版　　次**	2021 年 9 月第 1 版
印　　张	12.5 插页 1		**印　　次**	2021 年 9 月第 1 次印刷
字　　数	241 000		**定　　价**	59.00 元

汽车在我国已经普及，如果要说汽车中都涉及哪些知识，特别是哪些学科知识，很容易让人想到可能涉及很多物理学科知识。特别是汽车的三大核心部件——发动机、底盘、变速箱，让作为物理教师的我几乎一下子想到了物理学中的"力热声光电"这些最直观的学科知识。然而，我的同事——人大附中化学教研组的老师们，却以他们独到的视角，以汽车中的化学为切入点，引领着我们的学生徜徉在汽车知识的海洋中，进行探究性学习、深度学习，使学生的核心素养得到了极大的提升。

"汽车中的化学"这门课程，化学教研组的老师们耕耘了两年多。很多学生通过这门课程不仅学到了汽车中的化学知识、了解了汽车的历史和未来，更重要的是，掌握了学习方法，体验了一种全新的学习方式，知道怎样阅读文献、搜集信息、实验探索、合作研究，学习能力的提高、核心素养的提升是立体的、多元的、全方位的，在增长学识、增加见识的同时，也提升了美学鉴赏能力和创新能力。遇到这样的老师，学生们是幸运的！

在开设"汽车中的化学"课程过程中，老师们从头做起，一点点摸索，既有雄心壮志，又脚踏实地，从最简单的事情做起，克服了许多困难，始终不忘初心，一切为了学生的发展。这项工作是很艰辛的，老师们就像美术师，一笔一笔地勾画；就像建筑师，一砖一瓦地搭建。时至今日，"汽车中的化学"已经成为一门优质品牌课程，既受学生欢迎，又锻炼培养了一支学科素养高、学科功底扎实、教学能力强、研究视角新颖的师资队伍。这是一项了不起的工程，为人大附中的课程改革做出了突出贡献，我既感动，又钦佩！

《汽车中的化学——指向核心素养的深度教学实践》一书的出版让我们意识到，汽车中蕴含的跨学科、跨领域知识太多了。人大附中化学教研组的老师们无疑为我们做出了表率，也带给我们很多启迪。教学改革，我们还在路上。追求卓越，需要求真务实，并且永无止境。

中国人民大学附属中学　高江涛
2021 年 8 月

暑假里，有幸提前读到中国人民大学附属中学化学教研组团队的成果《汽车中的化学——指向核心素养的深度教学实践》书稿，很感慨、很感动，也引发我很多的思考。

在一个"变化是唯一不变"的时代，创新、跨界创新无处不在，育人要同社会发展、国家需求相契合。培育优秀人才，落实立德树人根本任务的要求，坚持正确的价值观念，要有扎实的学科基础，更要有面向未来的综合素养，这是每一个学生生命成长的需求，更是师生共同成长的必由之路。本书分三部分。人大附中化学教研组的老师们，用自己研究、探索的实际行动，展现了新时代优秀化学教师的风采。

这些探索让我们体会到当代基础化学教育给学生带来的发展。化学是在原子、分子水平上研究物质的组成、结构、性质、转化及其应用的一门基础学科。本书让我们感受到：学生的化学学科核心素养如何提升？高阶思维如何在化学探究和实践的学习中得到发展？年轻老师如何结伴用科研的方法进行校本教研，持续地进行课堂教学改进？化学是自然科学的重要组成部分，其基本特征是从微观层次认识物质，以符号形式描述物质，在不同层面创造物质。老师们以日常生活中学生最熟悉的"汽车"创设情境，设计系列任务，让学生在学习中感受到化学学科的这些特征，感受到化学是材料科学、环境科学和能源科学等现代科学技术的重要基础，是推动人类社会可持续发展的重要力量，引领学生走进科学殿堂。

这些探索让我们感受到一个优秀团队指向化学核心素养导向的教学实践。真实、丰富、具体的问题情境是学生化学学科核心素养形成和发展的重要载体。在两年多的时间里，围绕着"汽车中的化学"主题，人大附中初中和高中的化学老师们，持续地研究、上课、反思和改进教学，积累了四个系列近三十节课，案例鲜活生动。我们看到，以清晰的教学目标为指引，在具体而有挑战性的任务中，学生的宏观辨识与微观探析、变化观念与平衡思想、证据推理与模型认知、实验探究与创新意识、科学精神与社会责任的素养逐步发展起来。而且，化学学科的知识还承载了更多的素养功能，在学习过程中，学生的沟通能力、合作能力、共情能力、坚毅品质和多角度思维能力等得到发展，好奇心和想象力更强，创新创造精神更强，为学生成为能够创造美好未来的社会实践的主人打下了基础。

　　这些探索让我们领略到高水平学科校本教研中的教师成长。第三部分中四个系列所有课例的教学设计、上课课件及课堂实录，让我们看到老师们的真研究、真实践、真反思，反映了新时代学校校本教研的良好状态。在深化课程改革的进程中，老师们面临的挑战巨大。人大附中的化学老师们直面困难、深耕教学的钻研精神，让我深深地感受到他们的责任与担当。他们主动作为，聚焦学生的健康成长，围绕核心主题，经过集体的研讨、研究，精心地设计教学、组织教学，为学生的核心素养、高阶思维的发展搭建了专业的脚手架，提供了路径、方法以及可参照的案例，为教师快速掌握教学方法并将其有效运用到教学实践中提供了可能。新时代的老师要在传道、授业和解惑的基础上，提升自己的课程育人能力，做学生成长的引导者、支持者和陪伴者。附中的老师们从学生学习的视角出发，深入浅出、简洁明了地将研究和实践过程中学习、实践、历练的成果呈现出来，也是本书的精华所在。

　　有教无类，研无止境。改革带来机遇，我相信，人大附中化学组的这本洋溢着满满青春能量、具有开放空间和无限可能性的书，一定能够为一线教师打开化学学科核心素养培养的"门"，让核心素养在学生成长过程中落得更细更实，帮助每一位学生拥有更加美好的未来、创造更加美好的未来！

　　愿人大附中的老师们、各地的教育同行们继续从改革中汲取营养，走向更加美好的未来！

北京市海淀区教师进修学校校长　罗滨

2021 年 8 月

目　录

第一部分

历时两年多，人大附中化学教研组全组老师倾情投入，市区教研鼎力支持，初高中贯通、四个系列 29 节课，案例众多、鲜活生动、积累丰厚、多方关注、好评如潮……这便是人大附中"汽车中的化学"主题课堂教学的真实写照，是人大附中老师如何教学生学化学的生动体现！

多彩课堂，魅力化学

——基于核心素养的深度学习教学实践和研究

贺新

无论是基于核心素养的教学，还是已经开始的新一轮次的中高考改革，最终的目标都是立德树人。作为中学化学教师，我们希望通过化学课程的设置和课堂教学，一方面为国家培养人才，另一方面让学生懂化学、会生活！化学知识越丰富，生活品质越高！

核心素养是学生终身发展的重要基础。"任何学科的教学都不仅仅是为了获得学科的若干知识、技能和能力，而是要同时指向人的精神、思想情感、思维方式、生活方式和价值观的生成与提升。学科教学要有文化意义、思维意义、价值意义，即人的意义！"[①] 而且"科学思维方式的培养要积极倡导原生态的教学（学习），让学生有更多的机会直接面对原生态的问题情境和文本本身，从而有更多自己原生态的思维介入。要积极倡导有高阶思维的深度教学，深度教学是指超越表层的符号教学，由符号教学走向逻辑教学和意义教学的统一"。实施深度教学是实现知识教学的丰富价值、实现学生知识学习与思维能力同步发展的必经之路。教师要引导学生超越表层的符号知识学习，进入知识的逻辑形式和意义领域，将符号学习提升为深层意义的获得，使学生学会思考、学会做人。

《普通高中化学课程标准（2017年版2020年修订）》（以下简称"课标"）明确提出，真实、具体的问题情境是学生化学学科核心素养形成和发展的重要平台，为学生化学学科核心素养提供了真实的表现机会。因此，落实学科核心素养的课堂教学要求教师积极创设真实且富有价值的问题情境，通过具体的问题情境，促使学生查阅文献、设计实验探究等，在问题解决过程中提升学生的化学学科核心素养。化学学科核心素养包括五个方面，即宏观辨识与微观探析、变化观念与平衡思想、证据推理与模型认知、实验探究与创新意识、科学精神与社会责任。我们认为，要从四个方面入手来落实和促进学生核心素养的形成：选取有深度的教学主题；设计有深度的教学目标；开展有深度的教学实践活动；进行持续性的评

---

① 余文森. 核心素养的教学意义及其培育. 今日教育，2016（3）.

价。遵循教育的发展规律，遵循学生的发展规律，遵循学科的发展规律；帮助学生形成内驱力，形成自我发展的需求和社会使命感，让学生自主地形成，不断地将素养内化。基于这样的思考，立足于全面育人，我们在课堂的组织和教学的评价中不断创新。

"深度学习"是指在教师的引领下，学生围绕具有挑战性的学习主题全身心地积极参与、体验成功、获得发展的有意义的学习过程。人大附中化学教研组从 2012 年开始一直坚持在课堂教学上探索，选择有深度的主题，利用核心知识，打破年级界限，进行递进式的整体教研；在课堂实践中，选取真实的、有深度的教学主题，设计有深度的教学实践活动。化学教研组利用这样的方法在同一主题下进行了几轮课堂教学实践，开展了一系列"深度"的课堂教学改进活动，形成了基于真实情境的问题解决系列课程。

2013 年，我们"以模型建构促进学生认知发展的电化学教学"做了从早培、高一、高二、高三到大学先修，纵向跨年级、横向不同课程取向下的八节市级公开课的展示。首先，我们反思了传统电化学教学的不足：传统教学中为学生建立的原电池模型对学生的后续学习几乎是没有帮助的，而且容易造成学生的很多错误认知。通过大量的文献研究和实证研究，我们建立了新的、对学生的发展具有功能性的电化学模型。在电化学模型的基础上，我们又根据大量的实证数据建立了学生对电化学这个内容主题的认知发展层级模型（见图 1），确定每个年级教学的认知发展点，基于学生认知发展层级模型，考虑不同年级学情，选取不同真实情境，我们设计了不同年级、不同课程取向的电化学教学。与原有教学相比，我们做了颠覆性的改变。高一必修 2 和早培先修课程以模型建构指导教学，建立学生对电化学的多角度认知。高二选修 4 丰富、优化了电化学认知模型，形成角度间的关联。高三电化学复习课促使学生形成系统认知，培养应用模型解决复杂问题的能力。选修 1 的教学侧重于运用认知模型解决生活中的实际问题，而实验化学侧重于实验探究，大学先修课程则旨在深化学生对电化学的认识，并培养学生设计电池的能力。根据认知发展层级模型的指导（见图 2），我们选取了不同的真实素材，贯穿高一到高三的整个教学实践过程，在原有教学的基础上进行了教学实践的改进。

人大附中化学教研组的每位教师不忘初心，深耕细作，砥砺前行，为学生的成长、为教育的发展添砖加瓦，贡献自己的一分力量。近几年，化学教研组选取身边的化学，如"手机中的化学""汽车中的化学"等不同的主题，完成了一系列基于真实情境的深度学习的课堂教学。例如，"手机中的化学"四节课既包括手机中的金属及化合物、手机中金属的回收和利用，也包括手机上的"元素周期表"，还有手机电池中的电量与电压。经过几个轮次的课堂教学实践和研究，建立了基于真实情境的

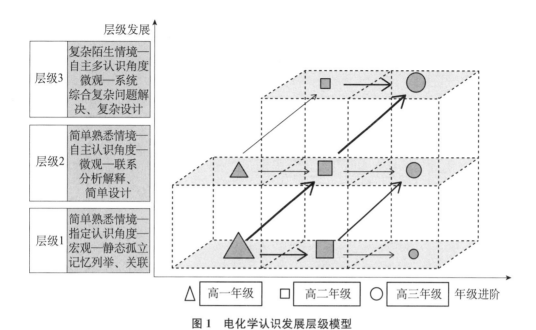

图 1　电化学认识发展层级模型

资料来源：丁晓新．高中生原电池认识发展研究［硕士论文］．北京：北京师范大学，2014．

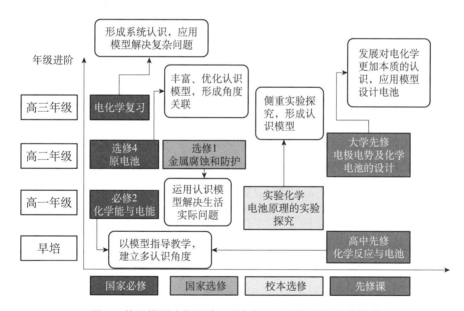

图 2　基于模型建构设计不同年级、不同课程取向的教学

问题解决能力层级发展模型（见图 3），明确了学生在不同学段应具备的学科能力和素养，以此模型作为教师备课的依据。特别是在教学目标以及教学活动和评价设计的制定方面，该模型发挥了积极的指导作用。

如何促进教师的专业发展？化学教研组的做法就是依托课堂这个主阵地，利用同一主题在不同年级开展深度的课堂教学实践和研究，每次开展课堂教学研讨活动都是

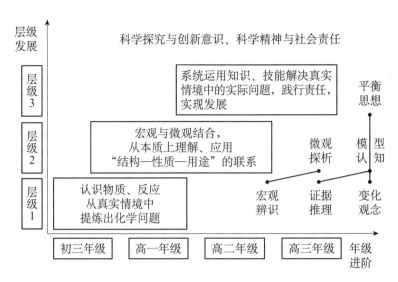

图3　基于真实情境的问题解决能力层级发展模型

全组老师齐上阵，群策群力。"汽车中的化学"系列课程始于2016年，人大附中化学教研组受邀参与北京教育学院数学与科学教育评价研究中心主任张莉娜副教授主持的北京教育科学规划课题"北京市中小学生科学素养发展水平的评价研究——基于学习进价"（课题编号：CAA14006），以及"PISA视域下的学生科学类课程学习评价与教学改进"教师专题研修项目和"拾贝PISA，优化教学"数学与科学教师专题研修项目。六位老师从初三到高三在不同年级开展了六节"汽车中的化学（一）"整体进阶课堂教学探索，聚焦对物质性质不断深入的认识，包括金属材料探秘和尾气污染与控制、汽车中氮的转化和你的车窗、金属材料的回收和利用等，从此拉开了人大附中化学教研组汽车系列课程的序幕。

　　"汽车中的化学（二）"是我们承担的又一次区级公开课，课程内容覆盖初三到高三年级，依然是由骨干教师引领，青年教师负责开拓创新。在学生的认知发展层级模型和基于真实情境的问题解决能力层级发展模型的指导下，我们制定了随年级递进的教学目标：初三是认识汽车中的物质和反应；高一是从反应的角度认识氧化还原在汽车中的重要作用；高二是从汽车中应用的材料出发，宏观与微观相结合，从本质上理解"结构—性质—用途"的联系，以及从材料的发展史出发，理解如何用化学方法研究材料并改进材料，从方法层面让学生认识到化学在材料发展和社会进步中发挥着重要作用；高三则是通过"尾气净化技术和由一张尾气报告单想到的……"创设真实而复杂的教学情境，让学生系统运用已有知识和教师提供的文献资料，联系学生已有的生活经验和技能，以及已有的原理技术方面的知识进行分析比较，从而解决实际问题，践行社会责任，最终实现学生的综合发展。课程设计选取或相同或不同的真实情境，考虑不同年级学生的认知发展和学情，利用学科特点，着眼于宏观与微观的联系，通过模型分析与实验研究使学生感受物质的变化过程，引导学生通过自主探究强化创新意识，引导学生秉承科学精神，运用自己所学所想践行社会责任。如果说"汽车中的化学（一）"系列研究课的教学内容侧重于汽车功能的实现，那么"汽车中的化学（二）"系列研究课则聚焦于汽车背后的原理，将"物质—性质"联系在了一起（见图4）。

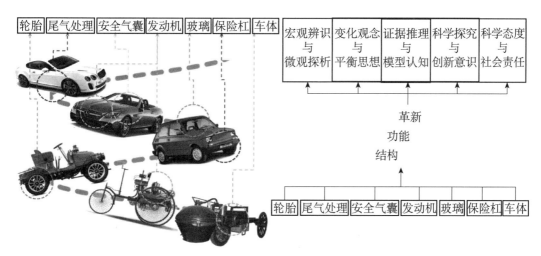

图 4　汽车中的化学（一）、（二）素材 ➡ 汽车中的化学（一）、（二）目标

这样的系列课堂教学研究一下激起了老师们的热情，他们纷纷主动申请上课，于是"汽车中的化学（三）"系列课程很快就在2018年4月"上演"了。研究课尝试在原理的基础上进行优化革新（见表1和图5）。

表 1　　　　　　　　　汽车中的化学（三）——优化革新

教师姓名	年级学科	课题
王天吉	初三化学	汽车中的化学——发动机内的燃烧
陈培培	初三化学	汽车中的化学——发动机材料
陈健伟	高一化学	汽车中的化学——汽车中的动力电池
何谷	高一化学	汽车中的化学——原电池在汽车中的应用
蔡元博	高二化学	汽车中的化学——电动汽车的动力电池
吴建军	高二化学	汽车中的化学——电动汽车的动力电池
冯姝	高三化学	汽车中的化学——汽车中废旧铅蓄电池的回收
刘俊杰	高三化学	汽车中的化学——车载电池回收技术

"汽车中的化学（四）"掀起了汽车系列课程四部曲的高潮。研究课着眼于汽车未来发展的趋势，借助科技发展的最新成果——人工智能，思考将化学与人工智能相结合去实现人类需求的方法。在信息技术组老师的支持下，老师们学习人工智能

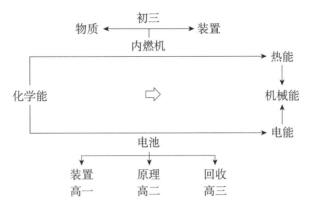

图5　汽车中的化学（三）——优化革新

的先进理论，推介人工智能方法，和学生一起在更开阔的空间里去思考化学的原理与科技的价值（见表2）。

表2　　　　　　　　　汽车中的化学（四）——畅想未来

教师姓名	年级与学科	课题
晁小雨	早培化学	汽车中的化学——人工智能保障未来汽车中的气体环境安全
刘丹	早培化学	汽车中的化学——汽车安全
贺新	高一化学	汽车中的化学——发动机材料的选择
王珊珊	高一化学	汽车中的化学——车身骨架材料的选择
何谷	高二化学	汽车中的化学——应用广泛的高分子材料
陈健伟	高二化学	汽车中的化学——灯罩材料的选择
谷建勤	国际化学	汽车中的化学——汽油的故事

经过几个轮次的高效学习和深入讨论，全组老师齐上阵，群策群力，努力寻找"人工智能—汽车—化学"三者之间的切入点和落脚点，最终以"化学与人工智能"为基点，从安全、极致、融合三个维度出发，形成了从早培八年级到高中二年级的八节研究课。有的课利用人工智能的虚拟现实技术和增强现实技术，直观地展示了汽车设备或材料的微观结构，如贺新、何谷和陈健伟等老师的课。

增强现实技术打破了传统教学平面、单一的模式，融合了视觉、听觉等多种元素，构建了三维立体的模拟环境，使得像汽车发动机中各部件的选材，有机化学中的微观分子结构，特别是高分子结构对其功能的影响等一些复杂、抽象和难以理解的教学内容以直观、新颖、具象、开放易懂的方式呈现出来，将原本枯燥、难懂的模型结构生动、灵活地呈现出来，能立体直观地显示出反应过程中各个分子结构的打散和重组过程，使学生更容易了解微观结构及化学反应过程，更好地帮助学生理解和落实化学核心素养"宏观辨识与微观探析"中的"结构决定性质，性质决定用途"，从而提高教学的效率。

有的课利用人工智能的机器学习方法，基于数据构建"组成—结构—性质"模型，预测未知材料的性能，设计适用于汽车特定位置的材料，选择更好的汽车燃料，如谷建勤和王珊珊两位老师的课。两位老师在课堂上利用人工智能领域的机器学习技术，通过数据和算法让机器从大量历史数据中学习规律，自动发现模式及用于预测汽油的参数和汽车不同位置使用的金属材料。

有的课从"安全"角度出发，利用汽车所使用的材料分析汽车的安全措施，或通过分析汽车内的化学变化设计汽车的智能控制系统，如晁小雨和刘丹两位老师的课。如何通过人工智能系统保障未来汽车的气体环境安全？需要实时监控车内环境，加上传感器的实时监测以及人工智能的主动操控。课堂上，教师利用人工智能领域的人机交互技术设置人机互动情境，将汽车内的人产生的二氧化碳气体捕捉到虚拟现实教学平台中，用 pH 计检测二氧化碳对蒸馏水的 pH 值的影响，将得到的参数再次整合运算，经过系统内部处理后展现在显示屏幕上。以此循环往复，构建仿真控制模型，模拟人机交互技术的流程，让学生深刻理解化学、技术、社会和环境之间的相互关系，将化学知识和人工智能技术有机融合在一起。这有利于加深学生的印象，更有利于学生感悟化学知识的价值和魅力。

人工智能技术对人类及社会发展意义重大，甚至有人认为人工智能所带来的社会进步和改变称得上第四次工业革命。"汽车中的化学（四）"系列课程精彩纷呈，听课的老师赞不绝口，这是因为每一节课都依托于老师们精心挑选的情境素材。在课堂上，教师利用一系列的问题线索，深入浅出，在充分调动学生已有化学知识的基础上，利用人工智能技术模拟开展人工智能视野下未来汽车设计和发展的活动，启发学生对人工智能服务于科学进步和人类需求展开思考，整堂课生机盎然，充满了活力！这样的课程设计既契合不同学生的知识水平，又满足了学生对认知和未来发展的需求。这样的教学活动既拓展了教师的知识面，使教师养成终身学习的风气，动态地看待化学原理在现代生产生活中的作用，又帮助学生体会到化学的广泛应用和化学在生产生活中的重要价值，赞叹化学对社会发展的重大贡献。

课标指出，重视以学科大概念为核心，使课程内容结构化，以主题为引领，使课程内容情境化，促进学科核心素养的落实。在进行课堂教学设计和实施时，我们以主题为引领，将具体的知识融入真实的情境中，选择设置真实的层层递进的驱动性问题，促使学生不断思考、主动探究。在分析问题和解决问题的过程中，学生转变了学习方式，自主学习，发展思维。这样的做法切实提高了课堂教学效率，落实了化学核心素养培养。在完成了同一主题下的几轮基于真实情境的有深度的课堂教学实践的同时，化学教研组的老师们形成了如何设计以学科素养为导向的课堂教学的思路和方法（见图6）。

令教师收获最多的并不是最后的结果，而是在一遍遍磨课过程中相互间思维的

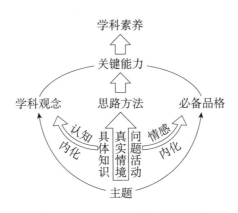

图 6   以学科素养为导向的课堂教学的思路和方法

碰撞及引发的深度思考。化学教研组一贯坚持的真实情境教学也给教师带来了改变：从开始接到某个公开课任务，教师被动地找素材，到后来老师们自主组建公开课素材积累的微信群，把平时看到的与化学有关的素材主动分享到群中，供大家讨论。而教师对教学的投入也越来越精益求精，有备课备到兴奋、满脑子都是教学设计的老师，也有每周都能发现新内容并加以引入，但又能批判地看待的老师。可以看到，我们要求的"真实""深度"的课堂教学已经逐渐融入很多教师的日常工作中，而不仅仅限于那堂公开课。每次公开课后，老师们都会写总结反思，其中青年教师陈昊写道："化学是我一生的挚爱，如何利用真实的情境，让抽象的概念和思想在中学课堂上生根发芽，做好科学的启蒙，其中的方法论值得我用一生去追求。"这也表达了化学教研组所有教师的共同心声。

继承人大附中化学教研组的优良传统，尊重学生学习学科的规律，尊重教育教学规律，坚持做好学问、做好教研、做好课堂教学。以扎实的学科知识、教学功底和饱满的教育热情对待学生，在课堂教学中追求真实的教学问题、深入的教学研讨、自然的教学过程、和谐的教学氛围、卓越的教学效果，致力于为国家培养全面发展的人才！

第二部分

　　课程是育人的载体，课堂是教育生命的一个个细胞。教书育人的点点滴滴都倾注在老师们的每一堂课中，潜移默化、润物细无声于每个问题、每个活动以及师生间的每次对话中。人大附中"汽车中的化学"主题课堂教学实践是一项持续的研究，是一个大的工程，积累的课例和材料很多，在此我们精选了六节课作为典型课例，解读和分析这些典型的课例可以帮助读者深入真实的课堂，体验汽车与化学的完美结合，感受师生是如何基于真实问题的解决而进行有深度的教与学的。

基于人工智能的一节化学探究性实验课

——人工智能保障未来汽车中的气体环境安全

晁小雨　贺新

一、人工智能的迅速发展为中学化学教学带来的新挑战

人工智能的迅速发展将深刻改变人类社会和世界的面貌，为了抓住人工智能发展的战略机遇，2017 年 7 月国务院颁布了《新一代人工智能发展规划》。[①]《规划》明确指出，人工智能将成为国际竞争的新焦点，并要求中小学阶段设置人工智能课程，完善针对中学生的人工智能科普。"人工智能是引领新一轮科技革命和产业变革的重要驱动力，正深刻改变着人们的生产、生活、学习方式，推动人类社会迎来人机协同、跨界融合、共创分享的智能时代。把握全球人工智能发展态势，找准突破口和主攻方向，培养大批具有创新能力和合作精神的人工智能高端人才，是教育的重要使命。"[②]"十三五"规划纲要确定了"人才优先发展战略"，教育培养的是未来人才，应该与时俱进。教育一方面要让学生为未来做好准备，另一方面也要为国家培养未来人才。

2018 年 4 月教育部印发的《高等学校人工智能创新行动计划》[③] 中提到高校将于 2020 年建设 100 个"人工智能＋X"复合特色专业，重视人工智能与基础学科专业教育的交叉融合。因此，探索中学阶段如何落实"人工智能＋化学"交叉融合的创新人才培养，成为当前时代背景下化学教学面临的新挑战。

二、汽车作为学习载体体现学科育人价值

人工智能技术对人类及社会发展意义重大，甚至有人认为人工智能所带来的社

---

① 国务院. 国务院关于印发新一代人工智能发展规划的通知 [EB/OL]. http：//www. gov. cn/zhengce/content/2017－07/20/content _ 5211996. htm.

② 新华社. 习近平向国际人工智能与教育大会致贺信 [EB/OL]. http：//www. xinhuanet. com//video2019－05/16/c _ 1210135975. htm.

③ 中华人民共和国教育部. 教育部关于印发《高等学校人工智能创新行动计划》的通知 [EB/OL]. ht-tp：//www. moe. gov. cn/srcsite/A16/s7062/201804/t20180410 _ 332722. html.

会进步和改变称得上是"第四次工业革命"。以汽车作为人工智能学习的载体，将抽象的人工智能算法问题具象化。汽车中使用人工智能可以帮助汽车实现自动驾驶，同时也让汽车出行变得更加安全和有序。通过人工智能的大数据分析，汽车可以更好地应对意外状况，自动采取措施保障安全。人工智能技术可以增强汽车驾驶的安全性，诸如驾驶员疲劳识别、脉搏识别，可以检测驾驶员的健康状态，并且可以在情况不严重的时候给出警告提示，在情况危急的时候采取强制性措施来制止危险驾驶行为。

汽车本身是学生熟悉的素材，学生可以较为容易地从熟悉的素材中寻找和提出有探究价值的问题；了解汽车的研发历史，可以使学生深刻认识化学对创造更多物质财富和精神财富、满足人民日益增长的美好生活需要的重大贡献。

《普通高中化学课程标准（2017年版2020年修订）》（以下简称"课标"）中指出：化学教育应立足于学生适应现代生活和未来发展的需要，倡导真实问题情境的创设，开展以化学实验为主的探究活动，激发学生学习化学的兴趣，培养学生的创新精神和实践能力；结合人类探索物质及变化的历史与化学学科发展的趋势，结合学生已有的经验和将要经历的社会生活实际，引导学生关注人类面临的与化学有关的社会问题，培养学生的责任感、参与意识和决策能力。汽车的发展历史伴随着化学物质研究的发展历史，人工智能在汽车上的应用是未来汽车的发展趋势，也是学生未来将面临的真实情境。在实验室中模拟汽车中的真实情况，建立相关模型，让学生体验人工智能在汽车智能系统中的应用，可以帮助学生更好地解决未来汽车发展可能遇到的问题，并初步锻炼科学研究技能。

三、教学内容分析

本节课以未来汽车为载体，聚焦未来汽车中使用的人工智能控制系统，围绕化学如何支持人工智能系统安全性的问题进行研究。当我们使用人工智能技术的时候，还会发现更多隐藏的安全问题，比如车内的气体环境监控和温度的调节等等，都需要大量的数据作为保障，需要传感器来进行实时监测。这节课的重点就落在如何通过人工智能系统保障未来汽车的气体环境安全上。

课程内容包括中学常见气体物质的性质分析和总结、密闭系统物质变化的分析等内容。本节课对学生的能力要求较高，可以安排在高中化学的起始阶段，作为引入课、活动课或者实验探究课，更适合用来做氧化还原反应（必修模块）或者电离平衡（选择性必修模块1）内容的引入课。学生在学习本节课前应当已经具备认识身边一些常见物质的组成、性质及其在社会生产和生活中的应用的能力，以及能用简单的化学语言描述化学变化和物质变化的能力。

　　课标将高中必修化学知识划分为五个基本主题，本课程主要涉及的内容是"主题1：化学科学与实验探究"。同时，本课程可以作为"主题2：常见无机物及其应用"中"氧化还原反应"内容的引入课，帮助学生在真实情境中更好地观察同一种元素在不同物质中呈现出来的不同价态，这种价态的相互转化可通过电子的转移实现。本课程还涉及课标中的选修内容"主题3：水溶液的离子反应与平衡"的相关知识。

四、学情分析

　　本课程对学生知识和能力水平的要求都很高，学生在学习课程之前需要充分掌握空气中的气体成分及其含量，以及各种气体成分的物理性质与化学性质；还需要学生有定量的意识，要意识到气体浓度的变化也会对物质的性质和反应的现象产生一定的影响；对学生分析和处理复杂问题的能力也有一定的要求。

　　汽车虽然是学生较为熟悉的物体，但是由于气体看不见、摸不着，学生很难在日常生活中注意到密闭空间中不同气体浓度的变化。虽然近几年人工智能发展的势头非常迅猛，但是中学生接触较少，人工智能进入课堂仍处于调研阶段。而在本课程的学习过程中，学生不仅要理解人工智能的基本原理，还要将学过的化学知识与人工智能相结合，并能解决生活中的实际问题。

五、教学与评价目标

　　1. 教学目标

　　（1）认识人工智能在未来汽车中所起的控制作用，明确汽车中涉及的化学反应及性质。

　　（2）通过对汽车中涉及的化学反应的分析，了解模型在化学学科中的运用，加强对化学现象与模型之间联系的认识，学会运用多种模型来描述和解释化学现象，培养预测物质及其变化的可能结果的能力。

　　（3）通过分析汽车内环境中的气体成分和浓度的变化，认识到科学研究是进行科学发现和解释、创造并进行应用的科学实践活动；理解从问题和假设出发确定研究目的、依据研究目的设计方案、基于证据进行分析和推理等对科学探究的重要性。

　　（4）通过对空气中二氧化碳浓度检测方案的设计和讨论，体会定量研究对化学科学的重要作用；了解科学探究过程包括提出问题和假设、设计方案、获取证据、分析解释或建构模型、形成结论及交流评价等核心要素；培养依据实验目的和假设设计解决问题的实验方案的能力，并能对实验方案进行评价。

　　（5）通过使用pH计，检测二氧化碳对蒸馏水的pH值的影响，运用基本操作实验方案，能观察并如实记录实验现象和数据，进行分析和推理，得出合理的结论。通过合作交流，对实验过程和结果进行总结反思，说明假设、证据和结论之间的关系，用恰当的形式表达和展示实验成果。

2. 评价目标

（1）通过对未来汽车可能遇到的安全问题的分析，发展学生在复杂问题情境中提出有价值的实验探究课题的能力。

（2）通过对二氧化碳溶于水发生的化学反应和碳酸电离过程的分析，认识离子反应的本质，判断并发展学生综合分析和解决实际问题的能力。

（3）通过二氧化碳水溶液的 pH 值的检测实验方案设计和操作过程，培养依据问题解决的需要选择常见的实验仪器、装置和试剂，完成简单的物质检验实验的能力。判断并发展学生使用化学实验常用仪器的能力，以及依据操作说明使用精密仪器进行重要化学实验基本操作的能力。

六、教学过程

环节 1：课题引入

教师活动：【视频】沃尔沃新概念汽车的宣传广告。

【问题 1】未来的汽车是什么样的？

学生活动：观看视频，小组讨论后总结出小组认为未来的汽车应具备哪些特征，对比未来汽车与现代汽车的差别，讨论这些特征实现时需要在安全和技术方面获得哪些支持。

活动意图说明：以视频的形式引入教学内容可增加学习任务的趣味性，也使抽象的内容变得直观；作为贯穿整个课题的学习材料，自然地过渡到汽车设计者的角度去思考人工智能汽车中必要的安全保障要素，思考化学在保障安全方面的作用。

环节 2：人工智能情境分析、建模

教师活动：【视频】东风 AX7 新人工智能车载电脑广告——对人类要求的即时反馈。

【问题 2】人工智能如何满足人们对未来汽车的安全诉求？

学生活动：观看视频，领悟到视频中东风车载应答系统对人类的需求进行了任务要素化，在其强大的数据库中搜索符合要素信息的目标。建立研究复杂情境的简化方法模型，结合环节 1 总结出的人工智能汽车中必要的安全保障要素，寻找合适的化学反应，保障汽车安全行驶。建立性质和化学反应的关系，用物质的性质代替化学反应。

　　活动意图说明：了解人工智能的思维方式，体会通过建立模型简化难题的基本方法。理解化学物质是通过化学反应来表现物质的化学性质的。

　　环节 3：物质能量的守恒分析

　　教师活动：【问题 3】行驶中的汽车发生了哪些化学反应？

　　学生活动：思考并写出汽车行驶过程中发生的全部化学反应，并分析伴随化学反应发生的物质变化及能量变化。进一步讨论简化模型，只分析对汽车内部气体环境的影响。最终得出只有人类活动能改变车内气体的结论。分析其中的物质变化，得出结论：汽车行驶过程中人类活动引发的物质变化包括反应物氧气的减少，生成物二氧化碳、水的增加，以及由于反应放热使车内的温度升高。

　　活动意图说明：初步形成用化学证据推演化学结论的意识。学会认识化学反应与理论模型之间的联系，预测物质及其变化的可能结果。从物质和能量变化两个角度去观察化学反应，分析化学反应中反应物的减少、生成物的增加、能量的释放或吸收——这些都会对环境产生作用。不仅关注化学反应体系，还学会从环境的角度看待化学反应引起的变化。知道反应和环境共同构成完整的化学研究对象。

　　环节 4：实验模拟真实环境

　　教师活动：【问题 4】如何检测气体的成分变化？

　　讲解 pH 计的使用方法及测量原理。

　　分组实验，用 pH 计检测二氧化碳对蒸馏水的 pH 值的影响。

　　学生活动：学习 pH 计的使用方法，从所给的试剂中选择合适的试剂，分组讨论设计实验方案，验证预测的真伪；小组间交流，相互评价设计的实验方案。以二氧化碳为例，使用 pH 计模拟检测二氧化碳浓度增加的环境下蒸馏水的 pH 值随时间的变化，每 2 秒记录下水溶液的 pH 值数据，并绘制变化图像。

　　活动意图说明：使学生初步学会依据探究目的设计并优化实验方案，完成实验操作；能对观察记录的实验信息进行加工并得出结论，和同学交流实验探究的成果，提出进一步探究或改进实验的设想。促进学生有意识地运用所学知识或寻求相关证据参与社会性议题的讨论，从化学角度为人工智能控制系统的安全设计原理提出建议。总结从化学角度分析复杂气体环境变化问题的思路。

七、教学反思

1. 基于真实情境的常规化化学教学设计

　　本节课的设计亮点之一是在真实化学情境下进行教学活动。随着人们生活水平不断提高，对汽车也提出了更高的要求。党的十九大报告提出，我国社会的主要矛盾是人民日益增长的美好生活需要和不平衡不充分的发展之间的矛盾。人们希望汽车越来越快速，越来越舒适，同时还要节能、环保，并能保护乘车者的安全。本课选题聚焦在汽车的安全性问题上。设计本课程的初衷是希望学生站在工程师的角度设计汽车的气体监控系统，保障行驶中的汽车的气体环境安全。要求学生在思考这个问题的时候，不仅要基于现有的知识和已经具备的实验探究技能，还要综合分析实验方案中与安全有关的各种因素，进而做出判断和决策。

越来越多的事实表明，化学在极大程度上推动了现代社会的文明和进步，为人类应对当今面临的能源危机、环境危机、资源危机和粮食危机等一系列重大挑战提供了可能的途径。教育体制改革的根本目的是提高民族素质，培养出新时代所需要的大量人才。这种人才应该具有独立思考的能力和勇于创新的科学精神。要培养这样的人才，中学教师必须进行教育思想、教学方法的转变和更新。真实情境下的教学使学生将对汽车的需求转化为科学研究的目标，运用所学知识解决科学难题，激发学生的学习积极性；在课程过程中使学生感知化学在生产生活中的重要应用价值，弘扬化学的科学价值和社会价值，激发学生关注生活、关心社会的情感。

2. 问题线索引导式教学为学生思维发展服务

本节课设计了一连串的问题将整堂课串联起来，问题设计得环环相扣、层层深入，从而让学生始终保持新鲜感和对学习的积极性。从某种意义上说，教学就是不断提出问题、解决问题和发现新问题的过程。在本节课的教学过程中，教师通过示范引导学生自主提出问题，引导学生通过独立思考、动手实践和合作交流讨论等活动不断发现新的问题。例如，在独立思考行驶中的汽车发生的全部化学反应时主动想到："是不是所有的反应都会影响汽车内部环境，进而引起车内气体环境的变化？"在动手操作 pH 计测量溶液的酸碱性变化时主动思考："为什么二氧化碳的浓度与pH 值之间呈现的不是一次方程的线性关系？"为后面讲解弱电解质的电离平衡打下基础。在一个又一个问题的解决过程中，学生主动思考与实践，从而增强创新意识和提高创新能力。以问题为中心组织课堂教学，符合认知心理学的规律和高中学生的学习特点，有利于改善教与学的方式，让学生主动学习。

3. 着眼于未来的人工智能教学尝试

在设计这节课的过程中最难把握的就是人工智能—汽车—化学三者之间的关系。化学是人类对过去接触过的物质、现象和原理的总结；汽车是现代工业技术的结晶，也是人类不可或缺的代步工具，它的舒适性和安全性已经得到了较为充分的改善；人工智能着眼于未来，是解放人类的一种新工业形式。三者的结合对课程设计者来说是一种新的挑战，如果能将理论性极强的化学知识应用于真实的情境、未来的设计中，可以促使学生更深刻地理解化学、技术、社会和环境之间的相互关系，感悟化学的价值，赞赏化学对社会发展的重大贡献。

这个选题需要任课教师额外花费很多时间学习其并不熟悉的人工智能领域的相关知识，初步了解人工智能在化学前沿的研究中起到的非常重要的作用。计算化学是理论化学的分支，也常指计算机科学与化学的交叉学科。人工智能在化学领域的应用正在以惊人的速度增长。尤其是人工智能的分支——机器学习，其核心是用计算机算法模拟人类的学习行为，这种行为的模仿过程与研究人员的培养过程十分相似，都是随着训练而提高的[①]，也就是说机器学习的过程也很像学生学习知识的过程。

这样的教学活动很好地拓展了教师的知识面，使教师养成终身学习的习惯，动态地看待化学原理在现代生产生活中的作用，也帮助学生体会到化学的广泛应用和其在生产生活中的重要价值。

人工智能使科学研究的准确性提高，研究的效率得以飞速进步。有了人工智能的帮助，能大概率地锁定更有优势的研究方向，减少前沿研究所耗费的试错时间。因此，对于中学生的教育来说，首先要普及人工智能的能力和思维方式，让学生了解人工智能在科学研究中的重要作用。其次，对于现在广泛使用的机器学习方法，由于它的学习反馈和建模思路与学生学习的过程非常相似，因此以目标需求带动的课堂学习方法某种程度上就是在模仿人工智能的学习方法。让学生在学习过程中以科学家或设计者的思路来思考问题，将人工智能的思想引入课堂，这对学生的未来学习和研究有非常大的帮助。

---

① AGRAWAL A., CHOUDHARY. A. Perspective: materials informatics and big data: realization of the "fourth paradigm" of science in materials science [J]. APL Mater., 2016, 4 (5): 053208.

人工智能与化学教学的融合

——以"车身骨架材料的选择"为例

王珊珊　贺新

人工智能与化学的融合体现在有机化学、催化化学等诸多方面。被誉为化学AlphaGo 的先驱团队[①]已经利用人工智能开发出有机合成的机器人，合成路线设计的成功概率不输于有机合成专家。此外，人工智能还应用于推测新型药物分子，帮助研究人员设计更经济、更高效的催化剂等。人工智能与化学科学研究的结合已经如火如荼地展开了，这是否会促进中学化学教学的改进呢？如何将中学阶段的化学学习与人工智能相结合？本课程做了初步的探索和尝试。

一、教学内容分析

本节课选自 2004 年人教版必修 1 第三章第三节"用途广泛的金属材料"。《普通高中化学课程标准（2017 年版 2020 年修订）》（以下简称"课标"）对金属材料的要求为"结合实例认识材料组成、性能与应用的联系"。继本校"汽车中的化学"系列课程教学开展到第四阶段，再结合当前教学进度，本节课聚焦于汽车骨架——汽车中金属材料应用较多的部位之一，寻找性能合适的金属材料。

人工智能助力汽车设计近些年在汽车工业界已有了不同程度的应用。与材料选择相关的应用如下：比如，从云端材料数据库中存储上千种材料，人工智能就可以帮助设计师加快设计效率；又如，人工智能可根据产品性能要求，如强度、重量、材料等，基于人工智能算法，同步生成多种可行的解决方案。此外，人工智能还能设计出新的部件，可将多个不同部件整合成一体化零件，不仅可以减重，还能增加强度。

学生可以基于用途解决材料选择的简单问题，但是遇到汽车的真实情境，就会面临车身骨架零部件功能各异、金属材料种类繁多的难题。能否通过将人工智能引

---

① SEGLER M H S，PREWS M，WALLER M P. Planning chemical syntheses with deep neural networks and symbolic AI. Nature，2018（555）：604.

入本节课的教学来帮助解决与化学相关的实际选材问题呢？本课从以下三个方面展开讨论：先从碰撞安全角度考虑不同部位对金属强度的不同需求，选择合适的金属材料；进一步结合成本因素对市售车型进行优选；最后讨论汽车轻量化问题，对车身骨架再次进行优化。本节课将车身金属材料的选择与人工智能的学习相结合，学生运用化学和计算机编程两方面的知识和能力来解决实际问题。

二、学情分析

学生在初中阶段初步学习了金属材料，能从性质、成本、资源可获得性、回收利用等多个方面对合金材料进行选择。现在一些学校已经开设了人工智能相关课程，为人工智能和学科教学融合提供了可能。此外，本课程实施班级的学生具有计算机相关特长，因此本课程尝试将金属材料的选择和人工智能相融合，设计符合学生特点的教学内容。

三、教学目标

在解决车身骨架选材、车型评价的问题时，学生能感受到化学学科与人工智能的交叉融合，深入理解并应用性质和用途的联系，提升了解决跨学科的综合问题的能力。在汽车轻量化讨论中，学生能运用材料的物理性质和化学性质并结合多种因素解释问题，可以体会节能减排在生产生活中的重要作用，并感受人与自然的和谐可持续发展的必要性。

四、教学重点

学生需要利用性质与用途的关系，在车身骨架材料选择的真实情境中综合多方面因素，最终解决复杂的实际问题。

五、教学难点

人工智能作为解决问题的手段，需要学生具有较多的知识储备并耗费大量的时间和精力，这对于有一定计算机基础的学生来说难度也较大。考虑到授课实际情况，信息技术教师编好了基本代码，学生在课堂上需要结合实际问题建立模型，读懂已有代码并改编程序语言。

六、教学过程

三个教学环节纵向间以问题线索、素材线索和活动线索依次深入展开，具体内容如图 1 所示。

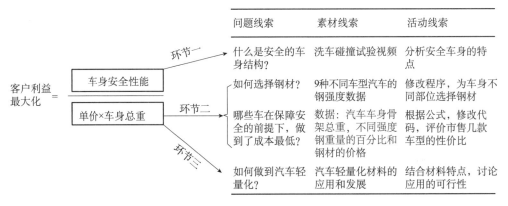

	问题线索	素材线索	活动线索
环节一	什么是安全的车身结构？	洗车碰撞试验视频	分析安全车身的特点
环节二	如何选择钢材？	9种不同车型汽车的钢强度数据	修改程序，为车身不同部位选择钢材
	哪些车在保障安全的前提下，做到了成本最低？	数据：汽车车身骨架总重，不同强度钢重量的百分比和钢材的价格	根据公式，修改代码，评价市售几款车型的性价比
环节三	如何做到汽车轻量化？	汽车轻量化材料的应用和发展	结合材料特点，讨论应用的可行性

客户利益最大化 = 车身安全性能 / 单价×车身总重

图 1　教学过程

环节一：保安全

教师引导：

（1）引入：汽车车身经历了马车型、箱型、甲壳虫型和目前广泛使用的船型的演变。车身的变化不仅是为了遮风挡雨，有更小的风阻、更高的速度，更是为了给乘客保驾护航。

（2）播放汽车安全碰撞试验的视频：提问为什么汽车前部被严重撞坏，但是驾驶员却可以得到较好的保护？这种看似破坏严重的汽车是安全的吗？

（3）安全的车身结构应该具有怎样的特点？选取车身骨架结构中非常重要的四个部位（A 柱、B 柱、T 型梁和前纵梁，见图 2），请你谈谈怎样设计车身结构更安全。

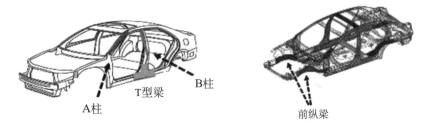

图 2　车身骨架结构中的 A 柱、B 柱、T 型梁和前纵梁

学生活动：

学生 1：汽车撞坏后吸收了碰撞能量，驾驶员才能安全。因此，车前部看似被严重损坏，车身却是安全的。

学生 2：A 柱、B 柱、T 型梁位于乘坐安全区，应选择刚性强的金属材料，保证在巨大外力碰撞下不变形，继而保证驾驶员的安全。前纵梁位于汽车前部吸能区，应采用有韧性的金属材料，通过形变吸收能量，减少碰撞对驾驶员的冲击。

学生 3：建立如图 3 所示的模型并得出运行结果。

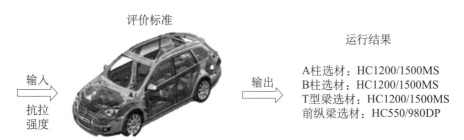

图 3　建模：基于安全标准选择钢材

设计意图：A 柱、B 柱和 T 型梁是汽车骨架中保证安全的关键部位，而汽车的前纵梁是汽车的吸能结构，因此学生围绕这四个代表部位对汽车骨架的安全性展开讨论。运用性质和用途的关系的相关知识，学生认识到车身骨架不同部位的功能不同，应该采用不同性质的金属材料。同时，学生能够自主建立解决问题的模型，运用人工智能的手段，综合多种车型的数据，从安全角度形成评价标准，最终就车身骨架四个关键部位的选材做出决策。

环节二：降成本

教师引导：

我们不仅希望汽车越安全越好，同时希望价格更能让消费者接受。性价比高的车型无疑是受大家欢迎的。根据能查到的汽车骨架所用钢材的强度和用量数据，我们如何进一步整理数据并评选出性价比高的车型呢？

学生活动：

建立如图 4 所示的模型：

图 4　建模：选择高性价比的车型

优选结果显示：性价比最高的是日本某 C 车型；如果从高和超高强度的钢用量

来看，最安全的是德国某 S 车型。

设计意图：在此环节，学生建立解决问题的模型，分析整理图表，完成数据挖掘过程，再修改教师提供的编码，最终获得运算结果。为了挑选性价比高的车型，学生需要考虑多方面的因素：从安全角度要增加高强度钢的使用，同时尽可能降低成本，将两种因素同时作为编程的评价标准，借助计算机程序对不同车型进行评价，切实提升了综合解决实际问题的能力。

环节三：促环保

教师引导：

可以对客户利益最大化公式进行修改：

$$客户利益最大化 = \frac{车身安全性能}{价格 \times 车身重量}$$

因此，我们还可以尝试减轻车身重量。很多企业都在研究汽车轻量化的问题，找到物美价廉的轻质材料有利于进一步提高性价比，而且有助于节能减排。鉴于此，我们提出了以下问题：哪些化学新材料可以实现轻量化？哪些特点决定了它们在轻量化上的可行性？一些轻量化材料的特点如表 1 所示。

表 1　　　　　　　　　　　　轻量化材料的特点

轻量化材料	被替代的材料	减少质量（%）	相对成本
高强度钢	碳素钢	10	1.0
铝	钢、铸铁	40～60	1.3～2.0
镁	钢、铸铁	60～75	1.5～2.5
镁	铝	23～35	1.0～1.5
玻璃纤维增强塑料	钢	25～35	1.0～1.5

学生活动：

学生 1：密度小的金属，比如铝，可减轻汽车重量，降低油耗，减少空气污染；铝制品表面有一层致密的氧化膜，因此车身抗腐蚀性增强。此外，铝合金的回收再利用率很高，由此节约了金属资源。

学生 2：镁合金也可以用于轻量化，它比铝有更明显的减重效果，相对成本稍高。而且我国镁资源丰富，可以降低生产成本，从而实现大规模应用。

学生 3：很多跑车车身选择了碳纤维，但是因为成本高，很难推广。因此，复合材料中玻璃纤维增强塑料的应用前景要优于碳纤维。

设计意图：汽车轻量化目前可通过三种途径实现，即选择轻质材料、优化结构和优化制造工艺。为了更贴近化学学习，教学过程选取了材料角度。学生通过资料阅读与讨论相结合的方式，了解材料在汽车轻量化中的应用价值。

七、教学反思

1. 与人工智能相结合，解决实际中的复杂问题

本课程以车身骨架材料为讨论核心，根据公式：

$$客户利益最大化 = \frac{车身安全性能}{价格 \times 车身重量}$$

围绕三个变量，展开逐层深入的讨论：如何对车身骨架材料的选取进行优化。学生需要对 200 多个数据进行处理，虽然数据量并不大，却是学生利用人工智能解决化学相关问题的一次尝试。环节 1 从汽车骨架安全性的角度出发。通过对不同功能的车身零件进行个性化选材的讨论，学生建立了问题解决模型，体验了基于功能与用途主导的性质选择过程。环节 2 在保障安全的基础上考虑了价格因素，提高了问题的综合度和复杂度。学生认识到，面对实际中的复杂问题，要综合考虑多个变量，同时需要挖掘数据，获取信息，建立新的模型，最终找到解决问题的方法。环节 3 提出了汽车轻量化的问题。节能减排急需汽车轻量化生产，但轻量化材料的成本往往较高，因此轻质材料的低成本研发和应用留待学生们未来进一步去探索。

2. 探索不同学科教师同台授课的方式

原计划是化学和信息技术教师分开授课，但发现这并不利于解决问题。化学教师引领课堂核心问题，但是无法彻底解决问题，这时需要信息技术教师为学生搭建"脚手架"，以便学生借助人工智能手段共同解决问题。因此，课堂采用了不同学科教师在同一教学环节穿插授课的方式，如图 5 所示：化学教师提出相关问题，学生形成问题解决思路；信息技术教师提供人工智能手段，学生建立问题解决模型，最终共同解决问题。这种新课堂模式是以化学学科为核心、以人工智能为手段和途径、以学生提升跨学科问题解决能力为导向的教学方式。

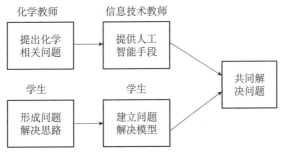

图 5 新型课程模式的探索

学科融合的教学方式无疑加大了教师的备课难度。不同学科教师要以头脑风暴

的形式展开多次讨论，一起探讨教学的可实现性，因此促成了跨学科的集体备课。无论是面对面讨论还是线上讨论，化学教师都必须不断推翻那些暂时无法通过技术手段实现的想法；信息技术教师需要不断地提供技术支持，通过大量预测试，论证化学问题解决的可能性。

3. 展望："人工智能＋X"课程

本课程是对"人工智能＋化学"课的初步尝试。作为本节课的深入与延续，笔者又进行了如下反思：新型合金的研发多基于实验尝试，面对众多的实验数据，各种金属所含元素种类与含量、相关机械性能和力学参数，能否让计算机进行机器学习，得出元素含量和力学性能之间的关系？这样，计算机就能够根据合金组成对性能进行预测；反之，也能对具备一定力学性能的合金成分进行预测。目前，已有研究者通过数据挖掘技术在粉末冶金领域加快了成分设计。[①] 有了人工智能的助力，合金的冶炼不再是基于经验的反复实验，而是基于规律指导的预测。因此，后续教学能否借助人工智能在学生可接受的范围内进一步探秘金属材料组成与性质的关系？

为了加快建设创新型国家和世界科技强国，国务院在 2017 年印发的《新一代人工智能发展规划》中明确要求："在中小学阶段设置人工智能相关课程，逐步推广编程教育"，此外还鼓励高校在原有基础上拓展人工智能专业教育内容，形成"人工智能＋X"的复合专业培养新模式，重视人工智能与数学、计算机科学、物理学等学科专业教育的交叉融合。以上均有利于未来高中阶段逐步开设"人工智能＋学科"相关课程，因为未来知识的探索与应用会更多地依赖于人工智能。

---

① 尹海清，曲选辉. 数据挖掘：粉末冶金创新发展的加速器. 粉末冶金，2020，30（1）：1-6.

基于真实情境的高分子材料教学重构

——以"应用广泛的高分子材料"教学为例

贺新 何谷

《普通高中化学课程标准（2017 年版 2020 年修订）》（以下简称"课标"）明确提出：真实、具体的问题情境是学生化学学科核心素养形成和发展的重要平台，为学生化学学科核心素养提供了真实的表现机会。因此，落实学科核心素养的课堂教学要求教师积极创设真实且富有价值的问题情境，比如以汽车上广泛应用的高分子材料为切入点，围绕"结构—性质—用途"，深入学习有机物的结构是如何决定其性质和用途的。课堂上通过设置层层递进的驱动性问题促使学生不断思考、主动探究，在分析问题和解决问题的过程中提升学生的化学学科核心素养。

一、问题背景

"有机高分子材料"在课标中属于选择性必修课程主题 3.3 "合成高分子"，其要求为："认识塑料、合成橡胶、合成纤维的组成和结构特点，了解新型高分子材料的优异性能及其在高新技术领域的应用。"塑料、合成橡胶和合成纤维是 20 世纪人类的伟大成就，也是高分子化合物发展的重要成果。以塑料、合成纤维、合成橡胶为代表的合成高分子材料给社会和人们的生活带来了巨大的变化，但是学生对于它们的了解却十分有限。

以往的教学设计通常是联系生产生活实际全面介绍三大合成材料在日常生活中的具体应用，以教师讲解为主，学生只是泛泛地了解它们的多种应用，但鉴于学生的知识水平有限，很容易上成一节科普课。这样的教学往往导致化学知识和实际应用脱钩，无法学以致用，长此以往不仅不利于激发学生对化学的学习兴趣，使之无法在化学学习过程中逐步形成正确的价值观念、必备品格和关键能力，而且不利于其形成学科核心素养。如何把课本上的知识和实际生活联系在一起，让学生切实体会到自己学习的知识是"真的有用"，开展"以素养为本"的教学呢？

二、教学思路与过程

1. 整体教学思路设计

本节课以汽车为载体，聚焦应用于汽车中的塑料和橡胶材料，围绕"结构—性质—用途"的关系进行教学设计，带领学生深入学习有机物的结构是如何决定其性质和用途的。通过教师设置的层层递进的问题，即"如何区分塑料和橡胶""如何使天然橡胶成为满足汽车需要的橡胶材料""如何提高橡胶的抗氧化性能"等，引导学生在应用化学知识分析和解决这些实际问题的过程中深刻感受到化学与生活息息相关，促进学生学习方式的转变，帮助学生形成未来发展需要的正确价值观念、必备品格和关键能力。

2. 教学目标设计

（1）了解塑料和合成橡胶的结构特点，理解结构、性质和用途之间的关系。
（2）应用物质结构、性质和用途之间的关系，分析和解决不同高分子材料在汽车中的实际应用问题。
（3）感受高分子材料在生产生活中扮演的重要角色，增强将化学知识应用于实际的意识和社会责任感。

3. 教学过程设计

（1）提出问题：如何区分塑料和橡胶？
［教师］展示图片（见图 1 和图 2），提出问题：塑料和橡胶在汽车中有哪些应用？汽车的哪些零部件用到了这些材料？

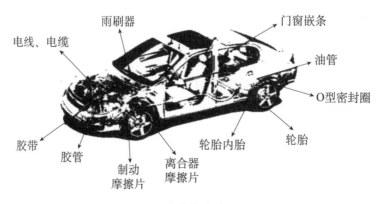

图 1 合成橡胶的应用

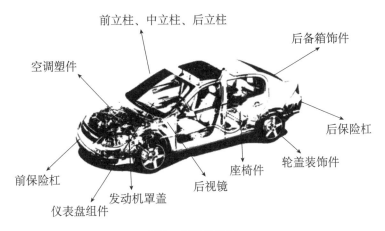

前立柱、中立柱、后立柱

空调塑件

后备箱饰件

后保险杠

轮盖装饰件

座椅件

前保险杠

后视镜

发动机罩盖

仪表盘组件

图 2　塑料的应用

［教师］提问：塑料和橡胶都是聚烯烃材料，为什么二者的性能却有很大差别？能否从分子结构的角度进行解释？

［学生］思考：通过对比聚乙烯的分子链（见图 3）和聚异戊二烯的分子链（见图 4），发现橡胶的分子链上有碳碳双键，而塑料的分子链上没有碳碳双键。

$$\left[CH_2-CH_2\right]_n$$

$$\left[CH_2-CH=C-CH_2\right]_n$$
$$CH_3$$

图 3　聚乙烯的分子链片段　　　**图 4　聚异戊二烯的分子链片段**

［教师］讲解：高分子链上一般都存在单键，单键可以绕键轴旋转而不影响键的强度。在常温下，聚乙烯分子链上的碳碳单键会发生旋转，使它不可能呈一条直线，只能呈不规则的卷曲状态（见图 5），许许多多的聚乙烯分子纠缠在一起，好像一团乱麻。当有外力作用时，卷曲的高分子可以被拉直或者被部分拉直；除去外力后，高分子又恢复到卷曲状态，因此高分子化合物都具有一定的柔性。简单地说，容易被拉直的高分子链柔性大；不容易被拉直的高分子链柔性小（偏刚性）。高分子主链单键的键长、键角对柔性都有重要影响，减少主链的取代基会增强分子链的柔性。

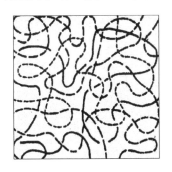

图 5　聚乙烯分子链的卷曲状态

［学生］看、倾听、思考并得出结论：如果分子链上含有孤立双键，碳碳键键角从 109.5° 变为约 120°，键角的张大将会促进分子链的旋转，增强分子链的柔性。孤立双键的存在使取代基的数量减少，从而使分子链的柔性显著提高。

设计意图：从学生熟悉的汽车出发，让学生切实感受高分子材料在日常生活中的广泛应用。在此基础上提出"如何区分塑料和橡胶"这样的问题。尽管学生已经学习了高分子的合成方法，对于塑料和橡胶又是极其熟悉的，但学生利用已有知识依然无法回答这样的问题，这势必激起学生的兴趣和探究的欲望。教师适时讲解教材中的知识内容，引入分子刚性和柔性的概念，通过宏微观结合，从本质上帮助学生认识、理解、应用"结构—性质"的关系，为接下来的问题引申做铺垫。

（2）解决问题：如何使天然橡胶成为满足汽车需要的橡胶材料？

［教师］提问：天然橡胶的分子链柔性过大，导致其不能直接作为材料应用。如何改良天然橡胶，使其满足汽车对橡胶材料的需求？

［教师］依次通过给数据、提示分析体型酚醛树脂的结构等方式给予学生信息，引发学生思考，促进知识迁移。

［学生］根据已有的知识和经验，分析、思考并回答。通过直链烷烃的熔点和沸点随碳原子数的变化趋势图（见图6），学生得出结论：提高分子量可以使液态橡胶变为固态橡胶。根据体型结构的酚醛树脂，学生能够想到橡胶也可以通过交联的方法增强其刚性。

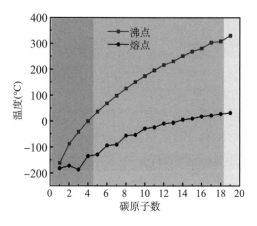

图6　直链烷烃的熔点和沸点

［教师］天然橡胶分子链上有碳碳双键，可以在硫的作用下发生交联反应，即得到硫化橡胶（见图7）。通过交联可以增强橡胶的刚性。

［教师］结合汽车中橡胶的实际应用（见图8），展示相应橡胶材料的微观结构，引导学生进一步思考增强橡胶刚性的方法。

［学生］观察、思考、讨论并回答：在高分子中引入侧链取代基，侧链取代基越大，分子链的转动越困难，分子链的刚性就越大。

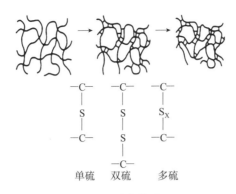

图 7　硫化橡胶

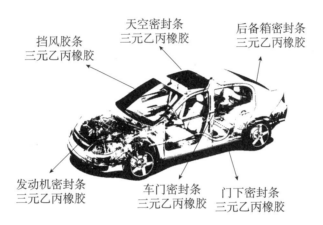

图 8　各种橡胶材料在汽车中的应用

　　[教师]苯环等基团由于体积较大，难以使分子链转动。所以，在分子链上引入体积较大的基团或极性基团都可以增强高分子的刚性，并且取代基极性越强，刚性越大（见图 9）。

$$\left[CH_2-\underset{H}{CH}\right]_n \quad > \quad \left[CH_2-\underset{CH_3}{CH}\right]_n \quad > \quad \left[CH_2-\underset{\bigcirc}{CH}\right]_n \quad > \quad \left[CH_2-\underset{N}{CH}\right]_n$$

$$\left[CH_2-\underset{H}{CH}\right]_n \quad > \quad \left[CH_2-\underset{CH_3}{CH}\right]_n \quad > \quad \left[CH_2-\underset{Cl}{CH}\right]_n \quad > \quad \left[CH_2-\underset{CN}{CH}\right]_n$$

图 9　高分子链的柔性顺序

　　设计意图：自然界没有塑料，而有天然橡胶，但天然橡胶太柔了，不能直接使用。如何使天然橡胶成为满足汽车需求的橡胶材料，这样的问题自然激发了学生的探究欲。在这个环节，教师不是直接讲解，而是通过给出烷烃的熔沸点数据、提示学生回顾体型酚醛树脂的结构等方式，促使学生将已有知识进行迁移；通过展示汽车中实际应用的橡胶的相应微观结构，不断启发并发展学生的思维，在学生分析和解决问题的能力得到提升的同时，使学生深刻理解"结构—性质—用途"之间的关系。

（3）深化问题：如何提高橡胶的抗氧化性能？

［教师］提问：为什么橡胶的抗氧化性能较差，容易老化呢？

［学生］根据已有的知识思考并回答：聚烯烃橡胶中含有大量的双键，使橡胶的抗氧化性能较差，容易老化。

［教师］追问：如何提高橡胶的抗氧化性能？

［学生］根据已有的知识回答：提高橡胶的抗氧化性能要尽可能地消除双键。

［教师］提示：完全消除双键又会使得分子链的刚性过强，失去橡胶的特性。从结构上讲，塑料和橡胶的区别就是高分子链的柔性不同。增强分子链的柔性，可以使高分子成为橡胶材料；增强分子链的刚性，可以使高分子成为塑料。

［教师］展示汽车上应用的丁基橡胶和三元乙丙橡胶（见图 10 和图 11），以及丁基橡胶的分子链片段（见图 12），促进学生将宏观与微观相结合，深入思考分析。

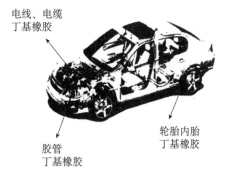

图 10　丁基橡胶在汽车上的应用

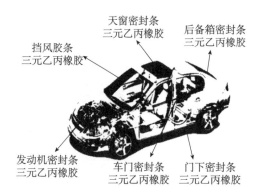

图 11　三元乙丙橡胶在汽车上的应用

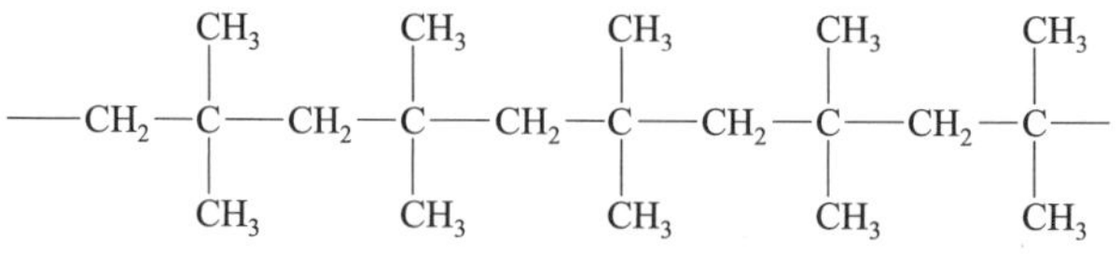

图 12　丁基橡胶（聚异丁烯）的分子链片段

［教师］高分子链发生对称取代时，分子链的旋转会变得相对容易，柔性远大于相应的单取代分子链，这样既消除了双键又保留了一定的柔性。另外，三元乙丙橡胶是乙烯、丙烯和非共轭二烯烃的三元共聚物（见图 13）。二烯烃具有特殊的结构，只有一个双键可以共聚，聚合物链是完全饱和的，另一个不饱和键不会成为聚合物的主链，只会成为侧链，用于交联，这样的结构使得三元乙丙橡胶可以抵抗热、光、氧气，尤其是臭氧的氧化。

［学生］倾听、思考并感悟：有机物高分子的结构决定了它的性质，进而改变了它的用途。

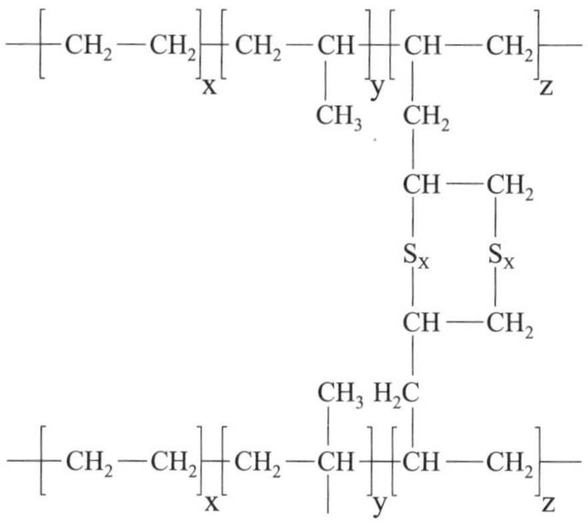

图 13 三元乙丙橡胶的分子链片段

设计意图：根据汽车上塑料和橡胶的应用，应用"结构—性质—用途"的关系，"刚柔相济"地不断改进材料的结构以满足人们的需求，就是化学服务于人类社会发展的一个缩影。让学生在切实体会化学价值的同时，不断将知识转化为能力，把能力逐渐内化为学生的化学学科素养，增强社会责任意识。

三、教学反思

1. 用真实问题情境贯穿整节课的教学

整节课聚焦于汽车上的塑料和橡胶等生活中常见的真实材料，带领学生从生活走向化学世界。塑料和橡胶看似离学生"很近"，实则却"很远"。"很近"是指这些高分子材料在日常生活中应用极其广泛，学生看得见、摸得着；"很远"是指学生对这些时刻都在使用、每天都在接触的材料如何区分，如何防止橡胶的老化等问题又感到束手无策。本节课正是抓住了学生的这个认知盲点进行教学设计，通过设置一系列真实的问题情境，不断激发学生的探究欲望。利用"结构—性质—用途"的关系，在已有知识的基础上，让学生认识到：塑料和橡胶的区别就是高分子链的柔性不同；通过改变有机物的高分子结构，既可以使高分子成为橡胶材料，也可以使其成为塑料。让学生在这样真实的问题情境中体会化学价值，在应用已有知识进行综合分析和解决实际问题的过程中，不断将知识转化为能力，把能力逐渐内化为自己的化学学科素养。

2. 创设驱动性问题情境，提升学生解决实际问题的能力

本节课设计了"如何区分塑料和橡胶""如何使天然橡胶成为满足汽车需要的橡胶材料""如何提高橡胶的抗氧化性能"等驱动性问题，不仅可以激发学生的学习兴趣，促进学生的思维发展，更重要的是可以让学生学会如何学习、如何思考，变被

动学习为主动学习。在有机化学的学习中，学生已经知道它们都是聚烯烃材料，性能不同，但未必能认识到性能的不同是由分子结构的差异造成的，由此提出问题 1："如何区分塑料和橡胶？"引发学生认识到性能的差异是由微观分子结构决定的。自然界有天然橡胶，但天然橡胶柔性太大不能直接使用，自然地提出问题 2："如何使天然橡胶成为满足汽车需要的橡胶材料？"以此问题激发学生的兴趣和探究欲望。在教师的帮助下，学生不断调动已有的知识和经验去分析和解决这个实际问题。在学生思维活跃时，教师又设置了深化问题 3："如何提高橡胶的抗氧化性能？"让学生继续应用"结构—性质—用途"的关系分析、思考并解决问题。本节课的问题都建立在学生已有知识的基础上，让学生深刻感受化学与生活息息相关，利用层层递进的问题促进学生学习方式的转变，帮助学生形成未来发展需要的正确价值观念、必备品格和关键能力，提升化学学科核心素养。

3. 紧扣"结构—性质—用途"的关系，落实核心素养

本节课的教学设计紧紧围绕"结构—性质—用途"的关系展开，将"宏观辨识与微观探析"这一化学学科核心素养贯穿在整个教学内容中。通过利用高分子链的结构区分塑料和橡胶，让学生认识到"结构—性质—用途"的关系。通过增加相对分子质量、在高分子链上增加侧链取代基、增加侧链取代基的极性、将分子链交联等方式均可以使天然橡胶的刚性增大，以此来满足汽车不同部件对橡胶材料的需求，使学生理解"结构—性质—用途"的关系。最后以汽车上实际应用的三元乙丙橡胶为例，让学生去应用"结构—性质—用途"的关系。三元乙丙橡胶是乙烯、丙烯和非共轭二烯烃的三元共聚物，侧链的双键部分进行交联，通过这样"刚柔相济"的方式从微观上改进材料的结构，使高分子橡胶的性质发生了变化，进而改变了其性能与用途，由此解决了橡胶易老化的问题。学生通过宏观与微观相结合来进行层层递进的分析，从认识、理解和应用不同层面深刻感受"结构—性质—用途"的关系，在这一过程中能真正体会化学的社会价值，增强学好化学造福人类的信念，将"以素养为本"的教学观念落到实处。

四、结语

本节课的教学设计改变了以往选择塑料和橡胶作为高分子材料典型代表进行介绍和合成的教学方式，在实施课堂教学时，通过将塑料和橡胶嵌入汽车中来创设真实的情境，设置问题，让学生在分析问题和解决问题的过程中转变学习方式，不断促进学生的思维发展，切实提高了课堂教学效率，实现了化学学科核心素养的培养。

基于真实情境培养化学学科核心素养

——以"电动汽车的动力电池"教学设计为例

蔡元博　　贺新

随着社会的发展和人们生活水平的提高，与能源和环境相关的问题也越来越显著地影响着我们每一个人的生活。其中，传统燃油汽车所带来的能源与环境问题更是与我们的日常出行息息相关，以电动汽车为代表的新能源汽车逐渐取代部分传统燃油汽车是缓解此类问题的一项重要举措。

本节课选择了与当今能源问题、环境问题紧密相关的电动汽车为素材。在电动汽车中，为其提供动力的电池无疑是重要的核心部件，也是与能源和环境问题关系最为紧密的部分。因此，我们选择了电动汽车动力电池作为化学电源这一素材，组织学生开展分析解释、推论预测、设计评价等学习活动；以较为简单和熟悉的铅蓄电池为载体，帮助学生认识电极反应、电极材料、离子导体、电子导体是构成电化学装置的基本要素，建立对电化学体系的基本分析思路，增进学生对电化学本质的认识；再以相对陌生的镍氢电池为载体，进一步增进学生对原电池和电解池工作原理的认识，巩固所学的思路方法，并培养利用相关信息分析陌生电化学体系的能力。

一、学习内容分析

本节课的内容主要基于人教版选修 4 第四章第二节"化学电源"，《普通高中化学课程标准（2017 年版 2020 年修订）》对原电池和电解池的要求是能辨识简单的原电池的构成要素，能分析原电池和电解池的工作原理，能设计简单的原电池和电解池，认识电解在物质转化和储存能量中的具体应用。对于化学电源，要求能列举常见的化学电源，能举例说明化学电源对提高生活质量的重要意义，并能利用相关信息分析化学电源的工作原理。

汽车中的动力电池都是可充电的二次电池。本节课借助对汽车动力电池发展史中的几种经典电池的性能比较，帮助学生了解电池的哪些性能指标对其实际应用起着重要作用，学会从实际角度、综合角度去看待问题。动力电池的发展先后经历了铅蓄电池、镍镉电池、镍氢电池、锂离子电池等多种类型，其中锂离子电池又有多种不同的组成结构，目前仍然在不断地研发新型电池。在一节课的时间内无法将所有这些不同种类的电池全部讨论清楚，否则对每种电池的学习都只能流于表面，这样不符合高二学生应该达到的认知层次。因此，本节课以铅蓄电池和镍氢电池为代表，分析其充放电过程的工作原理，巩固原电池的相关知识，初步了解电解池的相关概念，同时培养学生对陌生情境下复杂问题的分析能力。

二、学情分析

学生在必修 2 中已经学习了原电池的基本构成和原理，但他们对原电池的认识主要还停留在铜—锌电池等简单的原电池模型上，对于稍复杂的、真实的原电池原理还比较生疏，还未熟练掌握电化学体系的分析思路。同样，在必修 2 中，学生已经认识到一些化学电源的基本组成，对铅蓄电池的结构和放电过程也已经有所了解，但没有对电池的构成要素进行深入分析，也没有了解其中的充电过程的工作原理。另外，对于电解池的工作原理，学生并没有进行系统的学习，只有一些诸如"电解是使用外接电源将电能转化为化学能""电解是发生原电池反应的逆过程"等简单认识。学生学习本节课的障碍点主要表现在以下两个方面：

（1）对电池的认识停留在理论模型的层面，针对复杂的实际问题难以建立起简单的模型。

（2）对电解原理的认识不足，分析电池的充电过程时可能面临困难。

三、学习目标

化学电源本身是对原电池和电解池工作原理的实际应用，因此本节课的学习目标如下：

（1）深入理解原电池的工作原理，初步了解电解池。

（2）通过对铅蓄电池充放电原理的分析，巩固原电池的基本知识，建立分析电化学体系的基本思路。

（3）通过对镍氢电池充放电原理的讨论，进一步分析电化学问题的基本思路和方法，提高对陌生电化学问题的分析能力。

四、教学重点

铅蓄电池的工作原理。

五、教学难点

分析电化学问题的基本思路和方法。

六、教学过程

环节 1：引入电动汽车

教师引导：从能源和环境的角度，引导学生分析由传统燃油汽车到新能源汽车的转变。

学生活动：思考代替热能的能量转化方式，从而想到使用电能的电动汽车。

设计意图：了解化学对科技发展的影响，体会化学在能源、环境问题上所承担的责任。

环节 2：比较几种动力电池的优缺点，畅想动力电池的发展方向

教师引导：介绍电动汽车及所用电池的发展过程，引导学生思考电池实际使用过程中所面临的问题。

［提问］结合材料 1 以及你对电动汽车的理解，分析铅蓄电池、镍氢电池及锂离子电池的优缺点。

材料 1：铅蓄电池、镍氢电池、锂离子电池的性能比较（见表 1）

比能量：单位质量或单位体积的电池所能放出的电能大小。

功率密度：电池的输出功率与其质量之比。

自放电率：开路状态下电池放置 30 天时其电池容量损失的百分比。

表 1　　　　　　　　　几种二次电池的性能比较

电池类型	铅蓄电池	镍氢电池	锂离子电池
质量比能量（Wh/kg）	30～45	60～80	110～160
体积比能量（Wh/L）	60～90	130～170	140～200
功率密度（W/kg）	90～200	250～1 200	250～340
循环寿命（次）	300～500	500～1 000	500～1 000
单体电压（V）	2.1	1.2	3.7
自放电率（/月）	10%～20%	30%	<10%
安全性	好	较好	一般
国内参考价（元/kWh）	800～1 000	2 000～2 500	3 000～4 000

学生活动：（1）分析所给材料，讨论并回答三种电池的优缺点。

（2）思考这些电池的性能指标在实际使用中分别对应电动汽车的哪种性能。

（3）畅想理想中的汽车动力电池应该具有什么样的性能。

设计意图：通过对铅蓄电池、镍氢电池、锂离子电池性能指标的比较，了解电池在实际应用中所需要面对的问题，了解比能量、功率密度、循环寿命、自放电、单体电压等化学电源中常见的概念，了解目前新型动力电池的研发方向。

环节 3：最早的动力电池——铅蓄电池

教师引导：结合图片介绍铅蓄电池的构造。结合铅蓄电池工作原理的视频，引导学生思考铅蓄电池的充放电原理。

［提问］（1）分析铅蓄电池的工作原理。

（2）结合工作原理和材料 2，分析铅蓄电池循环寿命较短的原因。

材料 2：废弃的铅蓄电池

铅蓄电池在长时间使用后内阻逐渐增大，电池容量逐渐减小，只能进行废弃处理和回收。可发现废弃电池中酸液的酸性显著下降，极板上附着有大量不溶的 $PbSO_4$ 颗粒，且这种 $PbSO_4$ 颗粒体积大、导电性差，常规方法难以将其重新转化为活性物质。同时，在负极板底部也发现因产生气体而脱落的活性物质。

学生活动：（1）观看图片和视频，分析铅蓄电池的基本构成要素和放电时的工作原理，填写学案中的表格。

（2）与其他同学分享思考的过程和结果。

（3）结合对充电过程的理解，分析充电时铅蓄电池的工作原理，并将其填写于学案中。

（4）思考铅蓄电池寿命较短的原因。从材料 2 中提取出"内阻增大""容量减小""酸性下降""附着有大量 $PbSO_4$ 颗粒""产生气体"与"脱落的活性物质"等现象，并结合电池放电时产生 $PbSO_4$、充电时 H^+ 放电等电极反应，对这些现象进行合理解释。

教师总结：铅蓄电池结构简单，材料来源广泛，价格低廉，因而成为电动汽车最早使用的动力电池，并且直到今天仍然在使用。不过，铅蓄电池重量较大，导致其比能量、比功率较小，使得电动车的速度和续航能力不足，同时铅蓄电池又存在循环寿命较短的问题，因此现在主要应用于小型电动汽车和短途公共汽车之中。那么，如何解决比能量、比功率小的问题呢？一种思路是使用较轻质的材料，在此背景下镍氢电池应运而生。

设计意图：（1）依托对相对简单的铅蓄电池充放电过程的学习，巩固原电池的基本知识，建立起原电池的基本结构模型，学会分析电化学体系的基本思路和方法，初步了解电解池装置。

（2）理解铅蓄电池循环寿命短的原因是实际使用过程中随着导电性较差的 $PbSO_4$

的累积、H_2SO_4 浓度的降低，电池内阻不断增加，同时充电时部分 H^+ 也发生放电反应产生 H_2 小气泡，从而使活性物质脱落。对这类问题的分析能帮助我们在生活中更好地应对出现的问题。

环节 4：让车跑得更远的镍氢电池——电化学原理的巩固与深化

教师引导：介绍镍氢电池的构造，引导学生思考镍氢电池的充放电原理。

［提问］（1）依据工作原理图（见图1），分析镍氢电池的工作原理。

（2）根据材料3，分析镍氢电池自放电过程中 NH_3 的作用。推测所使用的选择透过性膜有何特点。

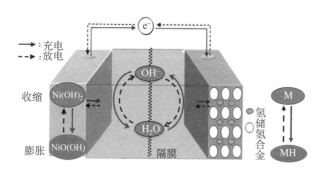

图 1　镍氢电池工作原理示意图

材料 3：镍氢电池自放电的机制

镍氢电池的自放电有很多可能的机制，其中一种机制如下：

电极的正极材料在制造时容易混有氮化物杂质，杂质在水中溶解产生 NH_3，并以 NH_3 和 NO_2^- 的形式在两电极之间循环，使得正、负极退化，电池容量降低。

针对这种自放电机制，研究者优化了电极材料，并制造了特殊的选择透过性膜作为隔膜，可以有效阻止 NH_3 和 NO_2^- 在电池中循环，从而大幅降低了镍氢电池的自放电率。

学生活动：（1）观察并分析镍氢电池的工作原理图，模仿环节 3 中对铅蓄电池的分析过程来分析镍氢电池的工作原理，填写学案中的表格。

（2）与其他同学分享思考的过程和结果。

（3）思考提问（2），从材料 3 中提取"NH_3 和 NO_2^- 在两电极之间循环"等关键信息，得出 NH_3 在自放电过程中的电极反应，结合溶液中离子的迁移提出合理的推测。

教师总结：镍氢电池的高比能量和比功率大大提升了电动车的续航能力，使电动车的远距离行驶成为可能。但是，它的单体电压较低，导致电动车动力稍显不足，尤其是其较高的价格和较高的自放电率又给日常使用带来了很多不便。因此，镍氢电池在锂离子电池发展起来后逐渐退出主流市场，目前只有少部分纯电动汽车和油电混合动力汽车还在使用镍氢电池。但是，随着技术的发展，镍氢电池的自放电率问题也在逐步得到解决，将来镍氢电池也可能重新得到广泛应用。

设计意图：（1）以相对陌生且复杂的镍氢电池为对象，将环节 3 中建立的原电池基本结构模型、分析思路、分析方法应用于实际中。

（2）镍氢电池中增加了离子交换膜，构建了双液原电池系统，借助对镍氢电池的分析可了解电池结构中隔膜或盐桥的作用，进一步发展学生的认知。

七、教学反思

1. 真实情境下的任务建构

化学电源主题本身就是所学知识的实际应用。在选择情境时，我们选择了更具社会探讨价值的新能源汽车作为载体。新能源汽车所使用的动力电池可以作为化学电源的代表，既可作为原电池与电解池工作原理的学习素材，又可将课堂所学的化学知识应用于生产生活实际中，从而作为学以致用的典型实例。同时，我们还希望课程更加贴近生活，能够让学生更充分地体会所学知识与生活的紧密联系。因此，在主干内容外，我们增加了两部分内容：（1）比较铅蓄电池、镍氢电池、锂离子电池的各种性能，了解选择电池时要考虑的重要指标；（2）从原理的角度试着去解释铅蓄电池和镍氢电池在使用过程中可能遇到的问题。经过完善，本节课基本上做到了既能在知识和技能层面有足够的深度，又能贴近生活，将书本上的知识融入实际生活当中。

2. 层层递进的问题引导

本课程的环节 1 和环节 2 是电动车和动力电池的引入，针对所提的问题如"如何解决燃油汽车的能源和环境问题""比较几种动力电池的优缺点"等，学生可以基于生活常识和所给材料直接得出答案。通过师生间的共同讨论，发生思维碰撞，学生学会全面看待问题。

在针对电池工作原理进行分析时，我们先介绍了学生比较熟悉的铅蓄电池。由于学生在必修 2 已经接触过铅蓄电池，且在学习本节课前已经系统学习过原电池的基本原理，因此对铅蓄电池放电过程的分析是较为简单的。但是，由于课前尚未系统学习过电解池的原理，所以对铅蓄电池充电过程的分析有一定的难度。基于此，我们提供了一段展示铅蓄电池充放电工作原理的视频，结合视频，学生可以总结出铅蓄电池充放电的原理，我们再对充电过程进行探讨和引导，使学生能够初步理解充电过程与放电过程的关系，学习如何分析电解池装置。在环节 3 的最后，我们围绕铅蓄电池循环寿命短的问题进行深入讨论，这是对铅蓄电池工作原理的应用，不仅需要充分熟悉原理，而且需要能够将原理与实际现象进行对应，这对学生的分析能力提出了很高的要求。

在学习了铅蓄电池的充放电原理后，再以镍氢电池为例对环节 3 所学的分析思路进行巩固。镍氢电池本身是一个相对陌生的素材，我们提供的资料是镍氢电池充放电的原理示意图。要清楚地分析镍氢电池的工作原理，不仅要熟练掌握电化学装置的分析思路，还要学会看图，从图中提取电极反应的相关信息，因此难度相对较大，它既是对环节 3 的巩固，也是对学生学习状况的即时反馈。同样，在分析了镍氢电池的原理之后，我们设计了相关的实际问题——镍氢电池的自放电问题。对自放电原因和解决方案的分析一方面再次巩固了陌生情境下对电化学装置的分析，另一方面也对选择透过性膜这一重要装置有更直接的认识，通过层层递进的问题引导不断发展学生认知。

3. 构建解决电化学问题的基本思路

本节课在分析铅蓄电池充放电原理时，总结了电极种类（正负极或阴阳极）、电极反应物和生成物、电极反应、电子流动方向、离子迁移方向等在电化学体系中需要分析的内容以及它们之间的关系。在实际电化学体系的分析中可以依据其中部分信息推断其余信息，并依据它们解决电化学问题。在铅蓄电池和镍氢电池原理的分析中反复使用这样的分析思路，包括镍氢电池的原理示意图也与该分析思路相匹配。通过不断使用这种分析思路并将这种思路的分析过程记录于学案中，学生能够熟练掌握并将其应用于陌生电化学问题的分析中。

八、结语

本节课将化学电源的学习融入"电动汽车"这一真实情境中，通过设置层层递进的问题，让学生在分析动力电池工作原理的过程中构建解决电化学问题的基本思路和方法，并利用其分析实际问题，促进了学生的思维发展，培养了化学学科核心素养。

基于真实情境的高三化学复习教学重构

——以"汽车尾气净化技术"专题复习教学为例

贺新

《普通高中化学课程标准（2017 年版 2020 年修订）》（以下简称"课标"）明确提出，真实、具体的问题情境是学生化学学科核心素养形成和发展的重要平台，为学生化学学科核心素养提供了真实的表现机会。因此，落实学科核心素养的课堂教学要求教师积极创设真实且富有价值的问题情境，比如"汽车尾气及其危害"以及尾气处理的问题。通过具体的问题解决任务，促使学生查阅文献、设计实验探究等，在问题解决过程中提升学生的化学学科核心素养。

传统的高三化学复习教学往往采用平铺直叙的复习方式。教师引领学生将相关知识进行整合之后即进入习题训练。因此，高三复习课普遍存在以下问题：考点清单化，知识习题化；模式单一化，知识碎片化；课堂去情境化，能力应用薄弱化；等等。[①] 长此以往，将导致知识和考题两张皮，不利于学生对化学的学习兴趣的提高，不利于化学学科核心素养的培养。

一、问题背景

课标基本为每一主题提供了"情境素材建议"，这为教师设计基于真实情境的教学提供了丰富的教学资源，有利于教师在日常设计教学情境的时候作为参照。然而，高三化学复习教学与新授课的教学不同，复习课的教学要与高考对接，没有直接的教材参照，并且知识整合程度大，对学生高阶能力的发展有进一步的要求。因此，高三复习教学中所使用的情境素材要更贴近现实世界，更注重知识和能力的综合运用，这需要教师在查阅文献的基础上进行教学情境的再创造。在已有研究中，PISA 测试的试题往往是用一个情境包含若干问题，这既将对问题解决的考查寓于情境中，

---

① 洪兹田，罗德炳，张贤金. 基于学科核心素养培养的高三化学复习教学重构——以"有机制备实验"复习教学为例 [J]. 化学教学，2019（6）：60-65.

又减少了学生阅读信息所花费的时间。[①] 借鉴 PISA 测试这一理念，在复习课的教学设计中注重选择和应用与教学内容相关的情境，让学生在情境中学习和应用知识，避免过多的简单记忆与习题训练，引导学生逐步学会在新情境下解决问题。

在高三化学一轮复习阶段，借助"汽车尾气净化技术"这一话题进行专题复习，将高中选修的化学与社会、化学与技术主题模块相结合，能够让学生深刻认识和感受化学反应原理在技术创新中的价值。从技术的视角看，汽车尾气净化技术和选修中的化学与社会、化学与技术属于综合性的主题，既与化学学科相关，又能联系社会与生活实际。选择这样的综合主题，既有利于提升学生解决实际问题的能力，又符合高考对学生接受、吸收、整合化学信息以及分析和解决化学问题能力的测试要求。

二、教学思路与过程

心理学的研究表明[②]，学生的抽象逻辑思维能力在高中阶段到达成熟期；一般到高三趋近高峰，这就为教师在设计教学时提出学生能力素养发展上的高水平要求提供了前提。"汽车尾气净化技术"这一话题离学生既近又远，"汽车尾气"近，而"技术"远，如何让远的"技术"贴近学生是本节课的教学难点。综合上述对情境选择、学科特点和学生发展这三个方面的分析，我们设计了如下"汽车尾气净化技术"专题复习教学。

1. 教学目标设计

在选择和设计情境、分析学科和学生学习基础与困难的基础上，教师设计了"汽车尾气净化技术"专题复习教学目标，包括：

（1）明确在汽车尾气的产生和净化中涉及的化学反应，深刻体会物质变化是有条件的，技术的每一次改进与创新都要基于化学反应原理。

（2）能够运用反应原理方面的已有知识和能力对汽车尾气处理的相关技术做出合理的分析和评价，在此基础上感受和认识化学反应原理在技术创新过程中的意义和价值。

（3）发展从提供的文献中提取有用化学信息，运用相关知识分析、综合、比较和论证解决实际化学问题的能力。

---

① 张莉娜. PISA2015 科学素养测评对我国中小学科学教学与评价的启示 [J]. 全球教育展望，2016，45（3）：15－24.

② 林崇德. 发展心理学 [M]. 杭州：浙江教育出版社，2002.

（4）关注与化学有关的科学技术、社会经济和生态环境的协调发展，增强社会责任感。

2. 教学整体思路设计

课程运用"汽车尾气净化技术"这一话题，将氧化还原和相关的反应原理等化学知识"包装"起来。教师选择汽车尾气净化技术，包含化学反应原理和技术这样综合的主题，不仅有利于学生将已有的原理和技术方面的知识学以致用，而且引导学生在思考并回答教师围绕汽车尾气净化技术设置的层层递进的问题过程中，从教师提供的文献资料中提取有用的化学信息，对汽车尾气处理的相关技术做出合理的分析、比较和评价。因此，学生能深刻体会到物质变化是有条件的。让学生关注与化学有关的科学技术、社会经济和生态环境的协调发展，这样的教学大大增强了学生的社会责任感；同时使学生在解决问题的过程中将知识转化为能力，把能力逐渐内化为自身的化学学科素养。

3. 教学过程设计

课程通过设置四个驱动性问题——"汽车尾气的成分及产生的原因是什么""减少汽车尾气可以采取的途径有哪些""尾气有没有更彻底的去除方法""使用新能源汽车是否绝对环保，不带来任何环境污染问题"——让学生既明确了汽车尾气的产生和净化过程涉及的化学反应，同时深刻体会到物质变化是有条件的，认识到每一次技术的改进与创新都要基于化学反应原理。上述四个问题分别对应了课程所蕴含的问题解决过程，即提出问题、解决问题、深化问题和总结反思。

（1）提出问题。

［教师］展示图片：汽车的快速发展在为人们带来极大便利的同时，也带来了环境污染问题。

问题一：汽车尾气的成分及产生的原因是什么？

［学生］看、听、思考、讨论并回答：发动机中燃料的不完全燃烧产生 HC（碳氢化合物，hydrocarbon，缩写为 HC，下同）、CO，以及 C 等固体颗粒；同时，在电火花的作用下，空气中的 N_2 和 O_2 反应产生 NO_x。另外，在尾气的处理装置中，发动机中产生的 CO、HC、NO_x 等气体没有完全被净化。

设计意图：从学生熟悉的汽车出发，让学生切实感受到汽车在给人们带来便利的同时也带来了环境污染问题，并从尾气产生的源头即发动机及后续处理装置两个方面思考尾气产生的原因；初步感知这些污染问题可以用化学的方法进行处理。

（2）解决问题。

［教师］根据尾气产生的原因提出问题。

问题二：减少汽车尾气可以采取的途径有哪些？

［学生］学生根据已有的知识和经验思考并回答：首先可选用新能源汽车、清洁燃料汽车。

［教师］追问：尾气在发动机产生，能否从发动机入手减少尾气的生成？

［教师］展示图片：废气再循环（exhaust gas recirculation，EGR）技术（见图1）。

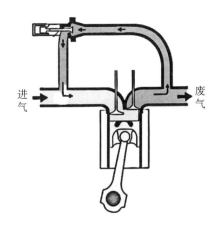

图1　废气再循环（EGR）技术

［学生］简单描述废气再循环技术的原理及优缺点。优点是：显著降低了 NO_x 的浓度。缺点是：燃烧不充分，CO、HC增多。

［教师］追问：稀薄燃烧技术是一项能够减少汽车尾气的新技术，它的优势是什么？

［教师］展示资料：稀薄燃料技术。

［学生］阅读、分析，回答：燃烧效率高，经济性能好，可减少汽车尾气污染。

［教师］小结：解决尾气问题，可以从其产生的"源头"——发动机入手：第一，换发动机（比如电动车）或使用清洁燃料；第二，调整发动机工作参数（空燃比），比如利用废气再循环技术或稀燃技术。另外，可增加尾气处理装置。

［教师］展示图片：三元催化器（见图2）。

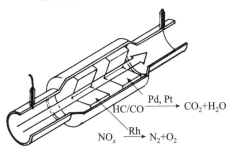

图2　三元催化器

[学生] 简单描述三元催化器的原理及优缺点。优点是：在空燃比恰当的情况下，降低了 CO、HC、NO_x 的浓度。缺点是：CO、HC、NO_x 依然存在。

设计意图：学生运用已有的氧化还原等反应原理，即尾气中的 CO、HC 需要氧化剂加以消除，NO_x 则需要还原剂来消除，初步建立起分析和解决尾气问题的视角，进而对汽车尾气处理的相关技术做出合理的分析和评价，在此基础上感受和认识化学反应原理在技术创新过程中的意义和价值。

（3）深化问题。

[教师] 根据对尾气成因及已有方法优缺点的分析提出问题。

问题三：尾气有没有更彻底的去除方法？

[教师] 展示资料：选择性催化还原（selective catalytic reduction，SCR）技术

选择性催化还原技术是指，利用排气中本身具有的有还原性质的有机物如烃类或另外添加还原剂（氨气或者尿素的水溶液等），在氮氧化物浓度远远低于排气中氧气浓度的情况之下，利用催化剂的催化作用，高选择性地优先将氮氧化物还原为氮气的技术。

SCR 系统设计中的关键在于选取合适的催化剂和还原剂。目前应用的还原剂主要为各种氨类物质（如尿素、氨气等）和各种烃类等。早在 20 世纪 60 年代，以 NH_3 作为还原剂的选择性催化还原技术（NH_3-SCR）就得到了应用，但是氨存在强刺激性与毒性，因而以尿素（32.5% 的尿素水溶液）代替氨选择性催化（Urea-SCR）还原柴油机排气中的 NO_x 成为研究者更为普遍的选择。尿素进入尾气中会发生反应释放出氨气，氨气在催化剂的作用下会优先选择与 NO_x 发生反应从而减少尾气中 NO_x 的排放。但是，SCR 系统容易造成氨气的泄漏，因此最后经常会加装氧化装置来将多余的氨气去除（见图 3）。

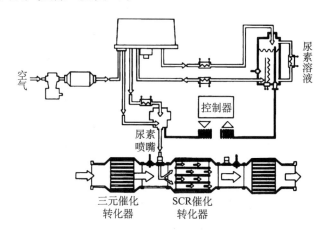

图 3 选择性催化还原（SCR）技术

利用 NH_3 对 NO_x 进行选择性还原是以 SCR 技术消除一些固定源中氮氧化物污

染（如发电厂排放的氮氧化物）的一项较为成熟的技术，但是将其应用于发动机有自身明显的缺点：该技术需要更大的安装空间；氨气本身具有极强的腐蚀性，容易造成设备的损坏。因此，从体积和成本方面考虑，该系统均不适合应用于小型汽油机。

[学生] 阅读、思考并回答：SCR 技术可有效去除稀燃尾气中的 NO_x。

[教师] 追问：SCR 技术有哪些优势与不足？

[学生] 优势是可有效去除稀燃尾气中的 NO_x，但占用空间大、设备维护成本高，不适合小型汽油车使用。

[教师] 追问：能否同时去除 CO、HC、NO_x？

[教师] 展示资料：NO_x 存储还原（NO_x storage/reduction，NSR）技术。

NO_x 存储还原技术是指，调节发动机，使其处于稀燃和富燃周期性交替的工作状态，尾气处理装置在稀燃期吸附 NO_x，在富燃期脱附存储的 NO_x 并利用尾气进行还原。以已经得到商业化应用的催化剂 $Pt/BaO/Al_2O_3$ 为例，反应机理如图 4 所示（图中 R 为还原性气体）。

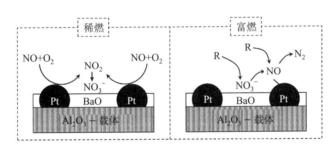

图 4　NO_x 存储还原（NSR）技术

其氮氧化物存储还原过程主要为：在稀燃条件下，NO 在贵金属 Pt 上被氧化成 NO_2，NO_2 与相邻碱性组分 BaO 反应生成亚硝酸钡 $Ba(NO_2)_2$ 或硝酸钡 $Ba(NO_3)_2$ 而储存起来；在富燃条件下，硝酸盐或亚硝酸盐分解，释放出 NO_x，被 HC、CO 和 H_2 等还原剂还原为氮气。

在存储还原过程中主要发生的反应如下，反应方程式中的 M 表示金属元素。

$$2NO + O_2 \rightarrow 2NO_2$$

$$4NO_2 + 2MO \rightarrow M(NO_3)_2 + M(NO_2)_2$$

$$2M(NO_3)_2 \rightarrow 2MO + 4NO + 3O_2$$

$$2M(NO_2)_2 \rightarrow 2MO + 4NO + O_2$$

$$2NO + CO/HC/H_2 \rightarrow N_2 + CO_2/H_2O$$

由于发动机稀燃时间远远长于富燃时间，NSR 兼具稀燃发动机高能效和 SCR 技术低排放的优点。

[学生] 阅读、思考并回答：NSR 技术兼具稀燃发动机高能效和 SCR 技术低排

放的优点。

设计意图：学生深刻意识到物质变化是有条件的。学生从提供的文献中提取有用的化学信息，辩证地分析解决尾气问题的原理方法及技术途径，提升运用相关知识综合分析、比较和论证解决实际化学问题的能力。

（4）总结反思。

［教师］总结汽车尾气净化的方法，提出问题。

问题四：使用新能源汽车是否绝对环保，不带来任何环境污染问题？

［学生］思考：新能源汽车制造、回收过程中的污染问题不能忽视。

设计意图：学生持续关注与化学有关的科学技术和生态环境协调发展的问题，增强社会责任感。

三、教学反思与启示

在高三第一轮复习课上，如何将汽车尾气净化技术的改进和发展历程这一真实情境应用好？如何让学生在进一步应用并巩固核心知识的同时，关注与化学有关的科学技术、社会经济和生态环境的协调发展，以提升解决问题的能力，并促进模型认知、创新意识、社会责任等化学学科核心素养的落实？

在教学设计和实施中，教师尝试运用驱动性问题，将尾气净化工作原理直观化，并通过整合相关文献素材等策略进行了教学难点的突破。

1. 创设驱动性问题情境，提升学生解决实际问题的能力

驱动性问题是那些事先设计的、能够推动课堂教学的、促进学生思考与探究活动开展的问题。好的驱动性问题应该具有可行性、有价值、情境化、有意义、可持续性的特点。在课堂教学中运用驱动性问题不仅可以激发学生的学习兴趣，帮助学生保持注意力的稳定，促进学生思维的发展，更重要的是可以让学生学会如何学习、如何思考，变被动学习为主动学习。课程首先通过展示汽车的快速发展图片，从学生熟悉的汽车出发，让学生切实感受到化学在给人们带来便利的同时也带来了环境污染问题，于是很自然地提出问题一："汽车尾气的成分及产生的原因是什么？"此问题旨在让学生关注化学、社会及其与环境的协调发展，引发学生的思考。在此基础上提出问题二："减少汽车尾气可以采取的途径有哪些？"以此来调动学生已有的知识和经验，让学生运用已有的原理和技术方面的知识与能力，回答可以从发动机和尾气处理两个方面解决。问题三的提出是在学生提到三元催化转化尾气装置之后，在人教版选修1中简单叙述了汽车三元催化转化的工作原理，因此学生提到三元催化转化是在情理之中。但是，学生的认识是不深入的，是模糊的。首先，学生会认

为 CO、HC、NO$_x$ 在三元催化转化装置中同时发生了反应；其次，学生会认为经过三元催化转化之后的气体变得"清洁"了。鉴于此，利用三元催化转化装置工作原理示意图进行分析和讲解，尽管在催化剂的催化作用下加快了 CO、HC、NO$_x$ 等气体的转化效率，但是 CO、HC、NO$_x$ 并不能完全转化为无毒的气体。在此基础上自然就会提出问题三："尾气有没有更彻底的去除方法？"以及"能否同时去除 CO、HC、NO$_x$？"最后提出问题四："使用新能源汽车是否绝对环保，不带来任何环境污染问题？"这四个问题促使学生深入思考，并使其运用已有的相关知识和经验进行分析、比较和论证，进而提升学生解决实际问题的能力，促进学生的认知发展，提高学生的化学学科核心素养。

2. 利用直观化的图片情境，提升学生解决实际问题的能力

"汽车尾气净化技术"离学生既近又远，"汽车尾气"近，而"技术"远，如何将远的"技术"拉近学生？在课堂中，教师利用示意图将尾气净化技术的改进和发展历程中涉及的工作原理直观化，有效地将"远"的技术与学生拉"近"，不断深化学生的认知，提升学生模型认知的化学学科核心素养。课程共展示了四次技术改进时涉及的工作原理示意图，分别是废气再循环（EGR）技术（见图 1）、三元催化转化技术（见图 2）、选择性催化还原（SCR）技术（见图 3）、NO$_x$ 存储还原（NSR）技术（见图 4），每一次展示的示意图各有侧重。废气再循环技术结合工作原理装置图在简单介绍原理后，带着学生一起分析废气再循环技术的优缺点，为后续尾气净化技术的分析和评价奠定了基础。利用三元催化器工作原理示意图是为了消除学生不清晰的认识，让学生明确 NO$_x$ 在 Rh 的催化作用下先还原并释放 N$_2$ 和 O$_2$，而 CO和 HC 等气体是在 Pd 和 Pt 的催化作用下结合 O$_2$ 发生了氧化反应，最终转化为 CO$_2$和 H$_2$O，这样的分析和讲解有利于帮助学生深刻地认识和体会物质变化是有条件的。选择性催化还原（SCR）技术工作原理示意图的呈现，一方面是为了帮助学生理解文献资料中描述的工作流程和原理，另一方面是为了帮助学生发现选择性催化还原（SCR）技术中的一些不足，为后续 NO$_x$ 存储还原（NSR）技术的提出埋下伏笔。最后，NO$_x$ 存储还原（NSR）技术工作原理示意图的呈现，不仅可以让学生更好地结合已有的氧化还原等化学原理分析、理解此项技术，而且可以让学生在前面学习的基础上，自然而然会对汽车尾气处理的相关技术做出综合、全面、合理的分析和评价。在此基础上，学生深刻地感受和认识到化学反应原理在技术创新过程中的意义和价值。

3. 运用文献资料情境，提升学生解决实际问题的能力

课程多次引入汽车尾气净化技术的改进和发展历程的文献资料，教师在课前将

相关文献资料进行了整合，可帮助学生解决汽车尾气处理的相关技术问题，并对相关技术做出合理的分析、比较和评价，为切实提升学生解决实际问题的能力提供了素材。在教师提出问题"减少汽车尾气可以采取的途径有哪些"时，学生回答可以从发动机和尾气处理两个方面解决，提出从"源头"——发动机入手，可选用新能源汽车、清洁燃料汽车等方案。基于学生的回答，教师利用文献资料适时补充提出废气再循环技术，结合工作原理装置图，在简单介绍其原理后，带着学生一起观察分析废气再循环技术的优缺点，为后续尾气净化技术的分析和评价奠定基础。在教师深入追问"尾气有没有更彻底的去除方法"和"能否同时去除 CO、HC、NO_x"时采用了这样的教学方法，即为学生提供必要的文献素材和装置工作原理示意图，通过学生的阅读以及师生、学生之间的讨论，结合之前课上讲解废气再循环技术和稀燃技术时的铺垫，让学生主动建构，形成解决问题的思路。学生能够根据文献来分析、阐释数据并得出结论，以及识别科学文献中的假设、证据和推理，是科学地阐释数据和证据能力的重要表现。[1] 高三复习课的功能定位，不仅要帮助学生整合原有的知识，而且要帮助学生能够从提供的文献情境中提取有用的化学信息，运用已有的相关知识和经验进行分析、比较与论证，进而逐步形成解决实际问题的能力。

---

[1] 张莉娜 . PISA2015 科学素养测评对我国中小学科学教学与评价的启示 ［J］. 全球教育展望，2016，45 （3）：15－24.

促进学生核心素养发展的教学设计

——高三化工生产流程专题复习

冯姝　贺新

一、传统高三化工生产流程复习教学面临的困境

化工生产流程是高考考查的重点，也是高三复习课中学生学习的难点。化工生产流程题对学生的综合能力要求高，它通常以现代工业生产为依托，与化工生产成本、产品提纯、环境保护等相融合，考查物质的制备、检验、分离提纯等基本实验原理在化工生产中的实际应用。由于化工生产活动与学生的日常学习及生活有一定的距离，因此学生对这类试题存在畏难情绪，缺乏整体分析视角和分析思路。

传统的高三化工生产流程复习教学大多采用讲练结合的方式，即引领学生将相关知识进行整合之后就进入习题训练。这种复习没有结合实际生产生活，难以引发学生的认知冲突和学习兴趣，长此以往容易陷入题海战术，降低学生对化学学习的兴趣，影响教学的实际效果，不利于学生化学学科核心素养的形成与发展。

二、优化化工生产流程复习课教学的设计思路

在《普通高中化学课程标准（2017 年版 2020 年修订）》（以下简称"课标"）中，学业水平考试命题明确建议：以核心素养为测试宗旨，以真实情境为测试载体，以实际问题为测试任务，以化学知识为解决问题的工具。真实、具体的问题情境是学生化学学科核心素养形成和发展的重要平台，为学生化学学科核心素养提供了真实的表现机会。课标中也明确指出：化学核心素养是学生通过化学学习而逐步形成的正确价值观念、必备品格和关键能力。"证据推理与模型认知""科学探究与创新意识""科学态度与社会责任"等是化学学科核心素养构成的内涵要素。高中化学教学要以发展化学学科核心素养为主旨，倡导创设真实问题情境，重视教学内容的结构化设计，激发学生学习化学的兴趣，促进学生学习方式的转变，培养学生的创新精神和实践能力。

　　因此，我们设计了"汽车中的化学——废旧铅蓄电池的回收"专题复习课，以"废旧铅蓄电池中成分复杂的铅膏如何转化为再生铅"作为载体，创设复习化工生产流程的情境。通过分析生产工艺每个环节的目的和结果，形成化工生产流程中物质转化的分析视角和分析思路。通过生产流程的方案设计，体会"多、快、好、省"的生产原则。通过理论联系实际，明确解答化工生产题的解题思路和方法。在分析问题、解决实际问题的过程中，培养学生应用已有知识综合分析和解决实际问题的能力，在高三复习课上落实化学学科的核心素养培养。

　　1. 教学目标

　　（1）使学生巩固元素化合物基础知识，掌握物质转化核心方程式的准确书写。使学生学会提取信息，准确快速地找出流程中的核心反应，分析每个工艺环节的目的。

　　（2）通过讨论、归纳、梳理、整理知识，使学生形成化工生产流程中物质转化的分析视角和分析思路。通过生产流程的方案设计，使学生体会"多、快、好、省"的生产原则。通过理论联系实际，使学生明确解答化工生产题的解题思路和方法，并形成解决化工生产题的思路和策略。

　　（3）通过对科学、技术、社会相互关系的了解，激发学生对化学技术的兴趣，增强学生的社会责任感，使学生体会化学对人类生活和生产所起的重要作用，培养学生理论联系实际、结合生产实际提取信息和进行科学分析的能力。

　　2. 教学重难点

　　教学重点：复杂体系中物质的相互转化原理。
　　教学难点：应用化工生产原则实现物质转化。

　　3. 教学过程

　　环节 1：课题引入
　　教师活动：
　　【视频】汽车启动电池要更换，讲述回收废旧铅蓄电池的意义。
　　【视频】废旧铅蓄电池的回收工艺（见图 1），分析电池各部件的回收方法。
　　活性填料和腐蚀后的极板组成了铅膏。铅膏的化学成分是硫酸铅、二氧化铅、氧化铅等。其成分比较复杂，需要特定的方法回收处理。
　　【问题 1】如何将回收的铅膏转化为铅？
　　学生活动：观看视频，观察废旧铅蓄电池的回收工艺，思考铅膏的成分如何转化为铅。

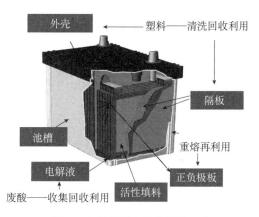

图 1　废旧铅蓄电池的回收工艺

设计意图：引入专题复习课内容，从实际应用的视角强化废旧铅蓄电池回收的意义，并形成贯穿性任务。

环节 2：火法冶炼分析

教师活动：

【问题 2】火法冶炼物质如何转化？存在哪些优缺点？

学生活动：

任务 1：分析火法冶炼制铅过程中的物质变化及反应（见图 2）。

图 2　火法冶炼制铅过程中的物质变化及反应

书写 PbO_2 和 $PbSO_4$ 的反应方程式：

$$PbO_2 + 2C \xlongequal{\text{高温}} Pb + 2CO\uparrow \qquad PbSO_4 + 2C \xlongequal{\text{高温}} Pb + SO_2\uparrow + 2CO\uparrow$$

分析火法冶炼的优缺点：

优点：工艺简单，还原剂焦炭便宜易得。

缺点：温度高，能耗大；会产生大量 SO_2，污染环境；高温产生铅蒸汽，铅尘会污染环境，降低铅的回收效率。

设计意图：从简单的物质转化层面分析，帮助学生形成分析视角。

环节 3：RSR 湿法工艺分析

教师活动：

【问题 3】观察整个流程，其中发生了哪些变化？如何从铅膏中回收铅？

分析流程，讲述物质转化采用的方法。

学生活动：

任务 2：分析 RSR 湿法工艺中的物质及变化（见图 3）。

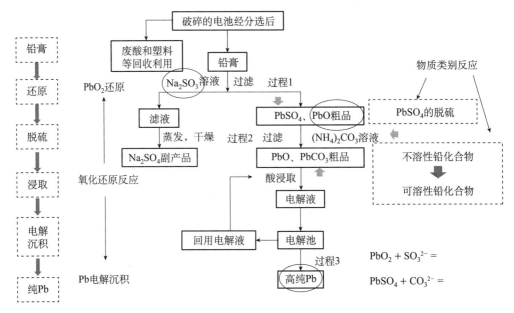

图 3　RSR 湿法工艺核心物质转化

学生提炼回收流程：

学生书写核心物质转化的离子方程式（见表 1）：

表 1　　　　　　　　　核心物质转化的离子方程式

物质	化学反应方程式
	过程 1：_____
	过程 2：_____
	过程 3：_____

过程 1：$PbO_2 + SO_3^{2-} = PbO + SO_4^{2-}$

过程 2：$PbSO_4 + CO_3^{2-} = PbCO_3 + SO_4^{2-}$

过程 3：$Pb^{2+} + 2e^- = Pb$

教师活动：生产的核心是化学反应，物质转化基于类别反应和氧化还原反应（见图 4）。

学生活动：聆听、思考并记录。

教师活动：

【追问】与火法冶炼相比，RSR 湿法工艺有哪些优缺点？

学生活动：

优点：污染小，可得到高纯铅。

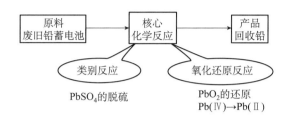

图 4   RSR 湿法工艺图示

缺点：步骤多，分离提纯复杂，试剂成本较高。

设计意图：复杂问题情境中的分析梳理，提炼出工艺流程和核心化学反应，体会物质转化的过程和方法，不断应用方法以进一步固化物质转化途径。

环节 4：设计从铅膏到铅的回收方案

教师活动：

【布置任务】利用已有知识和资料信息，设计回收铅的方案。

教师组织学生汇报讨论，并评价方案。

学生活动：

任务 3：设计从铅膏中回收铅的方案（见图 5）。

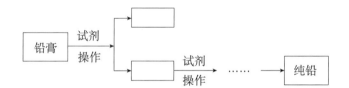

图 5   从铅膏中回收铅的方案图示

学生阅读材料，设计方案；小组讨论；组间交流汇报，并评价方案。

教师活动：

【总结】生产实际中物质转化的理念或原则（见图 6）。

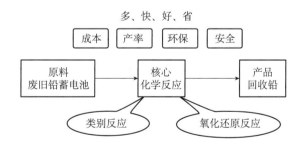

图 6   生产实际中物质转化的理念或原则

学生活动：聆听、思考并记录。

设计意图：明确化工生产的核心是物质转化，基于类别反应和氧化还原反应来选择试剂，体会"多、快、好、省"的生产原则。

环节5：总结梳理

教师活动：梳理高考试题，体会复杂体系中化学反应的分析。

学生活动：试做高考真题。

设计意图：明确高考题的设问角度；形成化工生产流程中物质转化的分析视角和分析思路。

三、教学反思

1. 注重情境的导入，提高真实复杂情境下的问题解决能力

高三化学总复习时间紧、内容多、任务重，教师一般采用教师讲、学生练的方式进行复习，很少有课堂导入环节。实践证明，根据教材内容，设计复习内容时，结合学生熟悉的生产生活情境，帮助学生在真实复杂情境中发现问题、解决问题，才是针对化工生产流程的高效复习法。

本节课以"汽车中的化学——废旧铅蓄电池的回收"为题，分析废旧电池中铅膏的回收和利用。课程内容基于实际回收工艺中的真实化工生产流程，教师也是在真实生产生活情境的基础上设计课堂思考问题。通过"我的汽车需要更换电池，其他汽车也是这样吗？""如何回收废旧铅蓄电池？"这样的实际问题引入整节课的学习，激发了学生的探究兴趣，使学生从生活中走进化学世界。三个核心问题"如何将回收的铅膏转化为铅？""火法冶炼物质如何转化？存在哪些优缺点？""观察整个流程，其中发生了哪些变化？如何从铅膏中回收铅？"和3个学习任务"分析火法冶炼制铅过程中的物质变化及反应""分析RSR湿法工艺中的物质及变化""设计从铅膏中回收铅的方案"一一对应，贯穿整个学科的教学。通过对从铅膏中回收铅的方案的设计与评价，形成物质转化的分析视角和分析思路，提高学生应用已有知识综合分析和解决真实复杂情境中的实际问题的能力。

2. 注重学生参与，提升学生分析和解决实际问题的能力

在课堂组织形式上，学生为主体，大部分的内容由学生讨论完成。通过学生间的讨论与归纳，师生共同梳理、整理知识，形成化工生产流程中物质转化的分析视角和分析思路。学生通过小组讨论设计生产方案，再进行组间的交流汇报，相互评价方案，非常有利于学生思维的外显和碰撞。在讨论汇报和评价生产方案的过程中，使学生明确化工生产的核心是物质转化，基于类别反应和氧化还原反应来选择试剂，体会"多、快、好、省"的生产原则。

3. 将问题和解决思路"结构化"，促进学习迁移

"结构化"是实现知识向素养转化的有效途径，"结构化"水平直接决定着素养的发展水平。很多学生遇到化工生产流程问题时没有解决问题的思路，不知道用什么方法进行分析。因此，本节课教师通过引导学生分析火法冶炼和 RSR 湿法工艺中的物质转化，不仅整合了基本知识与技能，而且通过对复杂问题情境的分析梳理，帮助学生提炼并形成化工生产中物质转化的分析视角和分析思路。学生明确了解答化工生产题的解题思路和方法，形成了解决化工生产题的思路和策略，并将解决问题的知识方法和思维角度结构化。这样，遇到其他化工生产的问题，学生就能进行学习迁移，分析和解决实际问题的能力也得到了提升。

四、结语

本次课的教学设计改变了以往高三化工生产流程讲练结合的复习方式，很好地将化工生产工艺和流程嵌入真实的情境中，让学生在分析和解决实际问题的过程中明确物质转化的分析视角和分析思路。在设计铅膏转化方案的过程中，引导学生对流程方案进行对比、评价和优化，体会"多、快、好、省"的生产原则。通过高考真题的试做，指导学生养成善于归纳、总结的习惯，形成解决化工生产题的思路和策略。本节课以真实情境为载体，以化学知识为解决问题的工具，优化了教学方法，切实提高了课堂教学效率，落实了化学学科核心素养，促进了学习的迁移。

第三部分

"汽车中的化学"系列课程从 2016 年开始,历时两年多,持续了四个轮次。汽车中的化学(一)侧重汽车功能的实现;汽车中的化学(二)聚焦汽车背后的原理,将"物质—性质"联系在一起;汽车中的化学(三)则尝试在原理的基础上进行优化革新;汽车中的化学(四)借助人工智能技术,着眼于汽车的未来,帮助学生在更广阔的空间去思考化学的原理,思考化学与科技的价值。

29 节课各具特色、精彩纷呈,我们一起来看看吧!

金属材料的探秘

曹正萍

一、教学内容

本节内容选自人教版义务教育教科书九年级（上册）第八单元，在第一课题和第三课题中。

本节内容的主要知识点如下：（1）了解金属的物理特征，认识常见金属的主要化学性质，了解防止金属腐蚀的简单方法。（2）知道一些常见金属（铁、铝等）矿物，知道可用铁矿石炼铁。（3）知道在金属中加入其他元素可以改变金属材料的性能，知道生铁和钢等重要的合金。（4）认识金属材料在生产、生活和社会发展中的重要作用。

本节内容的学业标准：（1）能说出金属及合金的物理性质，辨识其在生活中的实际应用。（2）能描述常见金属与氧气、酸、盐反应的实验现象、反应类型及典型用途，并写出化学方程式。（3）能利用金属活动性顺序推测陌生金属能否与酸、盐反应，设计实验比较金属间的活动性强弱。（4）能通过实验探究金属的腐蚀条件，解释生活中的腐蚀现象和防腐措施。

汽车与化学又有什么关系呢？汽车所使用的材料有无机材料（玻璃）、有机高分子材料（合成橡胶）和金属材料，特别是金属材料的使用在汽车中是非常广泛的，不同部位使用的金属材料也不同。例如：汽车的外壳主要是铁合金，汽车的轮毂主要是铝合金，车中的导管和导线均为铜合金等，这是由金属材料具有的优良性能所决定的，也是金属材料在生活实际中应用的具体体现，同时非常好地契合了初三化学学业标准的要求。那么，金属材料又是如何冶炼出来的呢？这也是初三化学的学习目标之一。因此，本节课以"汽车中的化学"为主题，构建"汽车中金属材料的探秘"的学习任务线索，利用金属的物理性质分析汽车的不同部位可以用什么金属材料，让学生不仅复习了金属的性质，而且进行了在实际生活中的应用和辨析，进一步感受金属材料在生活中的价值；通过复习金属铁的冶炼方法，并让学生亲手绘制冶铁的工业流程图，增强学生在资源回收和注重环境保护方面的意识，帮助学生理解工业生产中的物质转化和混合物分离的过程；通过分析工业铝的冶炼流程图，促进学生从化学的视角理解和分析工业流程的物质转化和目的。本节课通过探秘汽车中的金属材料，不仅可帮助学生复习所学的知识，还可发展学生应用知识解决实际问题的能力，从而实现认知转化和发展的目标。

二、教学设计

1. 整体分析

"结合真实情境，着眼核心素养"是我校化学教学的主导思想，在这一主导思想的引领下，我校对化学学科进行了统一的规划和部署，细化了各个年级的能力层级发展水平，建立了能力发展层级模型（见图1），使我们对教学的发展目标非常清晰，初三化学的主要任务是：宏观辨识、证据推理和变化观念。本节课的设计就是基于这个模型。

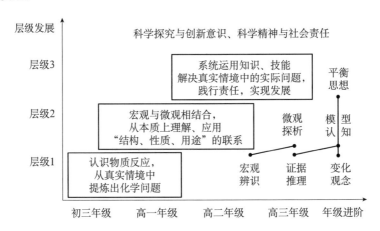

图1　能力发展层级模型

学情分析：

（1）学生学习时的知识、经验、技能基础。

学生在本节课之前已经学习了分子等微观概念和理论，对化学反应的本质有一定的理解；也学习了氧气、二氧化碳和一氧化碳的性质和制法，对物质的性质及转化有了一定的认识；并且已经学习了金属的物理性质和化学性质、金属铁的冶炼和金属资源的保护等相关知识，初步形成依据物质的性质和其他多种因素（资源、价格、回收、对环境的影响等）决定物质用途的认识，为理解本节课所讲的"金属性质的利用和冶炼流程"奠定了基础。

（2）学生在学习过程中可能会遇到的困难。

学生已经了解了金属的性质，但是在分析金属的具体应用时还把握不好，会出现多答或少答的情况，原因是学生缺乏综合考虑多种因素来判断金属用途的能力；特别是学生对于工业实际生产问题（物质转化、混合物的分离、循环利用、防止污染等）的分析缺乏认识角度，原因是学生欠缺对复杂问题的分析推理能力。

2. 教学目标

知识与技能：

使学生在寻找汽车中的金属材料的活动中，认识金属的性质。使学生在金属冶炼流程图的绘制过程中，知道工业冶铁的反应原理。

过程与方法：

使学生在对多种金属的比较中，形成对物质的用途要进行综合考虑的认识。以铁的冶炼为素材，初步形成工业生产中物质转化和环境保护的意识。以铝的冶炼为素材，提高提取信息和综合应用知识分析问题的能力。

情感、态度与价值观：

通过视频让学生感受汽车行业的发展也是金属材料的发展过程，认识金属材料在汽车中的应用，在这一过程中认识化学起到非常重要的作用。

3. 教学过程

教学过程见表1。

表1　　　　　　　　　　　　　　　　教学过程

环节	教师活动	学生活动	设计意图
环节1： 引入	【视频】引导学生了解汽车的发展史，感受金属材料在汽车中的广泛应用。	看视频，内心体验。	激发学生学习动机，激发学生探究汽车中的金属材料的兴趣。
环节2： 汽车中金属材料的寻求	1. 引导学生进行活动一。 2. 介绍汽车不同部位所选的金属材料。 3. 板书。	查阅资料，小组间讨论，说出汽车不同部位采用的金属材料及相应的理由。	帮助学生复习金属的性质，形成物质的用途取决于对多种因素的综合影响的认识。
环节3： 工业冶铁及工业生产流程图的绘制	1. 引导学生回顾金属铁冶炼的反应原理。 2. 板书。 3. 引导学生画出工业冶铁的流程图。 4. 展示工业冶铁的流程图，分析其中尾气处理的意义。	1. 复习金属铁的冶炼知识。 2. 写出自己对冶铁过程的认识与理解。 3. 思考工业冶铁中尾气处理的意义。	帮助学生复习铁的冶炼原理； 促进学生构建工业流程图中的物质转化意识； 帮助学生感受实际生产中复杂问题的解决方案。

续表

环节	教师活动	学生活动	设计意图
环节4： 分析铝的冶炼流程图	1. 引导学生阅读工业冶铝的流程图，分析其中的信息，回答问题。 2. 课堂小结 汽车中金属材料的选择要考虑：性质、回收、价格、资源、对环境的影响、冶炼等。	讨论：结合资料分析信息，并回答问题。	发展学生提取信息、结合所学知识对综合复杂问题分析推理的能力。

4. 板书设计

板书设计见图2。

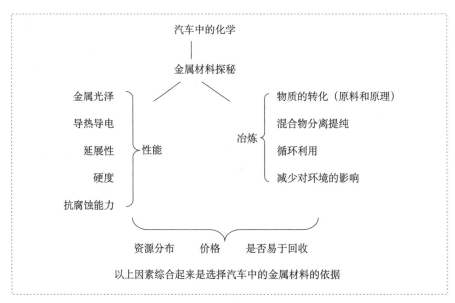

图2　板书设计

三、教学反思

1. 访谈结果及分析

通过对学生的访谈，发现学生对金属在汽车中的应用感到非常有兴趣，对金属的性质在实际中的应用有了更直观的认识和理解。学生通过自己绘制冶炼流程图，对工业流程图的构成有了清晰的认识，对工业流程图中物质的转化、除杂和分离方法以及物质的循环利用有了一定的理解，依据真实情境进行分析的能力得到了很大的提升。

2. 教学反思

通过本次课的教学，教师的收获是很大的。首先，利用"结合真实情境，着眼核心素养"能力发展层级模型，教师对教学目标的理解不仅是知识层面的教授，对学生能力的发展也有了更具体的目标设计。其次，通过阅读和思考大量资料，教师自己对金属材料在实际生活中的使用有了新的认识，同时使学生对熟悉的汽车中的金属材料的探秘产生了极大的兴趣。看到汽车的发展过程，学生自然就很想知道汽车中用了哪些金属材料。在活动一中，学生积极寻找适当的金属，能说出选择的依据；在老师的补充介绍中，了解到汽车中更多应用合金材料的原因是出于对机械性能和汽车轻量化的需求，从而进一步拓宽了视野，同时也重现了物质的用途与性质、环境、价格等的关系。在活动二绘制冶铁的工业流程图时，学生有各自不同的想法和表现，由其中的一位学生在前面展示和介绍，梳理物质转化的线索。特别是追问学生为什么将尾气再返回生产设备时，某位同学说是为了资源的再利用，同时可以防止空气污染，其他同学为这位同学鼓掌，让教师感受到真实问题情境下的教学可以有效地促进学生深入思考，也能促进学生应用知识解决问题能力的发展。在活动三中，学生更加有信心去接受新的信息进行分析和辨析，而且同组老师在听课和评课的过程中收获巨大，使本节课顺利实现了预设的教学目标，开启了以解决实际问题为背景的单元复习课的新的尝试，即在知识的复习中丰富学生的认识角度，发展学生解决问题的综合分析能力。以"汽车中金属材料的探秘"为主题的真实问题解决教学带来的启发将更好地引导今后的化学教学有更多的创新。

附：《汽车中金属材料的探秘》学案

有关金属性质的资料如表2所示。

表2　　　　　　　　　　　金属性质的资料

	镁	铝	锌	铁	锡	铜	银
硬度	2.5	2.75	2.5	4.0	1.5	3.0	2.5
密度 g/cm³	1.738	2.7	7.14	7.86	3.75	8.92	10.49
熔点（℃）	648	660	419.53	1 538	231.96	1 084.4	961.4
延展性	一般	一般	差，在室温下较脆	良好	非常好	良好	良好
价格（元/吨）	12 600	10 000	12 800	3 200	68 000	30 000	$2.4×10^6$
管制类型	粉状易燃，其余状态不管制	粉状易燃，其余状态不管制	锌粉属于易燃品	否	否	否	否
储存	密封阴凉干燥保存	密封干燥保存，表面因有致密的氧化物保护膜，不易被腐蚀	储存在阴凉干燥处，远离火种、热源	储存在干燥的环境下，在潮湿空气中易生锈	常温下稳定，温度低于－13.2℃时会逐渐变成金属粉末	在常温下干燥的空气中稳定	储存在阴凉处

续表

	镁	铝	锌	铁	锡	铜	银
对环境是否友好	可简单地再生使用，而不降低机械性能	再生铝占原生铝产量的30%～55%	锌都不容易回收，而且回收率很低，因而再生锌产量相对较低	钢铁回收率达68.7%	再生锡占原生锡产量的40%～60%	再生铜的产量占原生铜产量的40%～55%	可回收再利用

活动一：探寻汽车中的金属材料，如表3所示。

表3　　　　　　　　　　　　汽车中的金属材料

汽车上的相应部位	所用金属及主要原因
汽车的外壳	
汽车的轮毂	
汽车的油箱	
汽车的传感器	
汽车的散热片	

你认为汽车上相应部位所用的金属有哪些？金属的选择是基于哪些因素考虑的？

活动二：请你以"物质1→物质2"为主线，将转化的条件、所加试剂、分离方法写在箭号上面，画出从赤铁矿冶炼成生铁的工业冶炼流程图。

活动三：工业冶炼铝的流程图的分析。

铝及铝合金在汽车上大量使用，一方面改善了这些零部件的使用性能，另一方面达到了汽车轻量化的目的，是今后汽车材料的重要发展方向。

目前主要以铝土矿为原料来冶炼铝。要想从铝土矿获得铝，首先要制备纯净的氧化铝，工业上通过碱溶法和酸溶法（见图3）来制备。

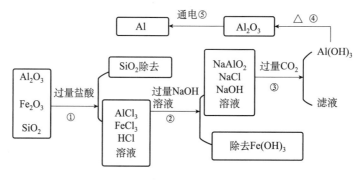

图3　酸溶法

（1）步骤①②③中涉及的操作名称是_____。

（2）写出步骤①中 Al_2O_3 转化的化学方程式：_____。

（3）推测步骤②中氯化铝与氢氧化钠反应后，生成物中除偏铝酸钠（NaAlO₂）以外，还有_____。

（4）若步骤③中铝元素全部转化为氢氧化铝，则滤液中含有的元素种类有_____。

（5）以上发生分解反应的是步骤_____（填序号）

（6）写出电解氧化铝的化学方程式：_____。

尾气污染与控制

丁晓新

一、教学内容

本节课是初三化学中考复习课。化学与生产生活联系密切，学生在课堂上学习化学知识的最终目的是解决实际问题。因此，化学教学越来越重视与生产生活实际的联系，从而培养学生从化学的角度去解决实际问题的能力。

课程标准和中考说明要求学生掌握化石燃料、新能源、燃料燃烧等相关知识，了解典型大气污染物的来源及危害，认识资源综合利用和新能源开发的重要意义；能够运用观察、实验等方法获取信息，能用文字、图表和化学语言表述有关的信息，具备初步运用比较、分类、归纳和概括等方法对获取的信息进行加工的能力；能基于珍惜资源、爱护环境和合理使用化学物质的观念认识与化学有关的社会问题。中考新增题型"生活现象解释""科普阅读理解"与"生产实际分析"，考查学生将化学知识与生产生活进行联系从而解决实际问题的能力。

汽车中蕴含着丰富的化学知识。本节课聚焦于汽车中的尾气污染与控制，通过推测并分析汽车尾气产生的原因、控制汽车尾气的两条途径（开发新能源、汽车尾气的催化转化），帮助学生复习空气的成分、空气污染、燃料燃烧、新能源等课程标准和考试说明要求的相关知识；同时提高学生提取信息，用化学语言表述信息，运用分析、比较、归纳、概括等方法对信息进行加工的能力。

二、教学设计

1. 教学目标

知识与技能：
帮助学生复习空气的成分、空气污染、化石燃料、燃料的燃烧、新能源等知识。
过程与方法：
提高学生解决"生活现象解释""科普阅读理解"与"生产实际分析"问题的能力。使学生在解决实际问题的过程中，能联系实际条件对方案进行评价和选择。提高学生提取信息，用化学语言表述信息，运用分析、比较、归纳、概括等方法对信息进行加工的能力。

情感、态度与价值观：

使学生明白化学在生产生活问题解决过程中的重要作用。

2. 教学过程

教学过程如表 1 所示。

表 1 　　　　　　　　　　　　　教学过程

环节	教师活动	学生活动	设计意图
环节 1： 尾气的产生	利用图片等资料展示第一代燃煤蒸汽驱动汽车和第二代汽油驱动汽车的发展史及其带来的环境污染问题。 【任务一】根据汽油车和柴油车相关资料，推测汽车尾气污染物（CO、HC、PM炭黑、NO 等）产生的原因，并阐述推测依据。	观看图片和影视资料，聆听教师讲解，思考汽车给人类带来的便利和问题。 思考：运用已有知识（煤和汽油的组成、空气的组成、燃烧等）和元素守恒思想回答问题，阐述推测依据。	通过世界上第一辆汽车到现代汽车的发展史，使学生了解汽车带来的环境污染问题，引入课题。 复习已有知识，从资料中提取信息，进行分析比较，运用元素守恒的化学核心思想对尾气产生的原因进行合理猜测。
环节 2： 尾气控制途径一：节能	利用图片等资料展示第三代新能源汽车，了解纯电动汽车、油电混合动力汽车、压缩天然气汽车、氢燃料电池汽车的各项性能指标。 【任务二】根据新能源汽车的各种指标资料，分别为城市私家车、城市公共汽车、出租汽车、长途汽车选择合适的新能源。	观看图片资料，聆听教师讲解，思考各种新能源汽车的优势和劣势。 分析资料，对信息进行对比和筛选，设计解决问题的方案，同组分享交流，最后汇报并选择方案。	使学生了解从尾气污染过渡到汽车尾气污染控制的途径：开发汽车新能源、大力开发和使用尾气净化技术。 设计实际问题，提高学生根据实际条件提取分析资料，比较、评价并选择方案的能力。
环节 3： 尾气控制途径二：减排	【任务三】阅读关于尾气催化转化的科普资料，分析尾气催化转化的原理。	深入阅读资料，提取相关信息，分析化学原理，写出化学方程式。	提升学生信息提取加工能力；提升学生中考科普阅读的能力；提升学生用化学语言表述信息的能力。
环节 4： 为尾气处理开发新型催化剂	展示现有贵金属催化剂的不足，利用资料展示 G20 杭州峰会期间使用的光催化材料生产出的汽车尾气分解剂。 【任务四】科学家一直致力于积极开发新型的活性组分，如采用 TiO_2 为主要活性组分来取代贵金属。请分析二氧化钛的制备工艺。	观看资料，思考现有贵金属催化剂的不足：价格昂贵、转化率低。 分析工业流程图，运用相关化学知识回答问题，表达交流，总结分析方法。	过渡到通过开发新型高效催化剂提高尾气转化率的问题。 提升学生应对生产实际分析题型的能力。 让学生明白化学在生产生活问题解决过程中的重要作用。

三、教学反思

对初三年级学生进行汽车中的化学的教学，首先遇到的一个问题是：如何选取适合初三学生的问题切入点。化学与汽车在材料、能源、尾气等方面有着密切的联系，其中汽车尾气能够与初三阶段的空气成分、空气污染、化石燃料、燃料的燃烧、新能源等知识点契合，于是教学中选择了尾气的污染与控制作为本节课的内容载体。

学生正处于中考前的总复习阶段，目前需要提升的关键能力是什么呢？这是接下来教师要思考和研究的问题。在对学生学习中遇到的困难进行访谈的基础上，结合日常教学经验，总结出学生现阶段遇到的主要障碍点：新中考题目信息量大，而学生难以从大量信息中准确地提取信息，并进行比较；学生在书写陌生化学方程式时存在困难，在解决"生活现象解释""科普阅读理解"与"工业流程图分析"等问题时面临重重障碍。究其原因，是学生在提取信息，用化学语言科学表述信息，运用分析、比较、归纳、概括等方法对信息进行加工方面的能力不足。于是，这节课要实现的能力发展目标明确下来。

如何设计驱动性问题和任务，从而实现能力发展的目标呢？在真实情境下的问题和问题解决过程更能够引起学生的兴趣，同时也最能锻炼学生对真实问题的解决能力。教师查阅了30多篇关于汽车尾气和处理的科学文献，花了大量时间进行文献阅读。科学文献专业知识远远超出初三学生的理解程度，于是，教师又对资料进行了筛选、整合，改变数据的呈现方式，让初三学生能够理解。经过一遍遍的设计，最终形成了四个环节、四个驱动性问题和任务。

环节1中，呈现给学生同排量汽油车、柴油车的相关信息比较，让学生思考：我们需要对尾气中哪些物质的排放进行控制？产生这些物质的可能原因是什么？在这个过程中，学生运用已有知识和学科思想方法解决问题，不仅呈现思考的结果，还要外显思考的依据。知道了污染物的来源，紧接着进入环节2和环节3，分别从"节能"和"减排"两个方面对尾气进行控制。环节3中，给出关于汽油车、纯电动车、油气混合动力车、压缩天然气车、氢燃料电池汽车等新能源汽车在能量转换效率、能量补给速度、续航里程、能量补给的便利性、尾气排放、每百公里费用、车的价格等方面的比较，设计任务，让学生分别为城市私家车、城市公共汽车、出租汽车、长途汽车选择合适的新能源。在这个过程中，学生要对大量信息进行提取、加工、比较、优选，并得出最终的最佳方案，从而激发出学生的兴趣。环节4中，从尾气的催化转化的角度，利用科普阅读理解的呈现形式，让学生分析其中的化学反应原理。那么，经过处理后的尾气中的污染物是否被完全去除了呢？并不是，催化转化的效率并不能达到 100%，因此科学家一直在寻找更加高效、稳定、廉价的催化剂来代替贵金属。备课期间，G20 峰会正在杭州举行，而一条标题为"新型环保材料尾气被吃掉，助力 G20 展现西湖蓝"的新闻引起了教师的注意，这种新型环保材料正是光催化纳米材料。教师查阅相关文献得知，工业上以钛铁矿为原料制备纳米二氧化钛。教师将文献资料中的工业过程进行整合，绘制成工业流程图，让学生分析真实工业生产过程中蕴含的化学知识。总之，通过合理的过渡性问题将四个环节衔接起来，形成一套逐层深入的问题链、任务链。同时，教师搜集了大量有趣的、紧跟科技前沿和热点问题的素材，比如第一辆奔驰汽车、丰田氢燃料电池汽车、TiO_2 纳米光催化材料等，让学生收获颇丰。

最终，这节课以汽车中的尾气污染与控制为内容载体，结合新能源汽车、光催化材料生产的汽车分解剂等紧跟科技前沿的素材，以科学、专业又符合初三阶段学生认知的数据资料呈现，将中考题型"生活现象解释""科普阅读理解"与"生产实际分析"落实到教学过程中，让学生进行信息提取、分析、比较、整合，设计方案，在真实情境下提升解决实际问题的能力。

氮的转化

毛娜

汽车给我们的生活带来了便利，但汽车尾气也带来了环境问题，氮氧化物是汽车尾气的主要成分。汽车尾气中的氮氧化物是怎样产生的？它们有哪些物理性质与化学性质？如何利用氮的转化将氮氧化物转化为氮气？氮气作为化学性质稳定的气体，既是汽车尾气转化处理的目标产物，也是汽车安全气囊的充气物质，还可以作为汽车轮胎的充气气体。氮的单质和多种化合物与汽车有着密切的联系。本节课以各种含氮物质为研究对象，针对它们的性质、相互转化及应用等展开学习和讨论。

一、教学内容

本节课是将人教版必修 1 第四章第三节、第四节中介绍的含氮物质的相关内容进行整合后设计而成。

本节内容的主要知识点有：了解 N_2 的稳定性及 N_2 与 O_2 的反应；了解 NO、NO_2 的性质及相互转化；了解 NH_3 的性质，了解喷泉实验的原理。

与本节课相关的课程标准要求有：通过实验了解硅、氯、硫、氮的单质及其化合物的主要性质，认识其在生产中的应用和对生态环境的影响；根据实验事实了解氧化还原反应的本质是电子的转移，举例说明生产生活中常见的氧化还原反应；认识化学科学对提高人类生活质量和促进社会发展的重要作用。

本节课以汽车为情境引入课题，聚焦与汽车有关的含氮物质，围绕两个核心问题展开讨论：（1）认识几种重要的含氮物质；（2）含氮物质如何互相转化。

先给学生提供相关资料，引入与汽车相关的几种含氮物质：N_2、NaN_3、NO、NO_2、NH_3。学生通过阅读资料、观看视频、观察实验，讨论并归纳出这些物质的物理性质和化学性质，并就性质的推理依据进行交流和阐述。

在讨论物质性质的基础上，学生对含氮物质之间的相互转化关系进行思考和讨论，首先讨论 NO 与 NO_2 的转化，接着讨论汽车尾气中氮氧化物的转化处理。然后，学生将本节课涉及的所有含氮物质进行汇总，要求每个学生绘制出与汽车相关的含氮物质的相互转化关系图，并进行展示交流，以总结、提升整节课的知识。

最后简要介绍新能源汽车，如混合动力、电力、氢动力和新能源液氮空气汽车。新能源能有效减少汽车尾气中的有害物质。

在本节课前，学生已经初步学习了应用氧化还原的规律来研究物质的化学性质，并认识了部分氧化剂和还原剂。学生已经认识了硅、氯、硫等非金属元素及其化合物的性质，在研究思路上有可以借鉴的方面；在能力方面，有了通过自主学习加工信息、总结物质性质的基本能力。在对必修 1 前面内容的学习过程中，学生已经逐渐培养了观察实验、分析实验、依据现象推理结论的能力。

二、教学设计

1. 教学目标

知识与技能：
(1) 使学生了解 N_2 的稳定性及 N_2 与 O_2 的反应。
(2) 使学生了解 NO、NO_2 的性质及相互转化。
(3) 使学生了解 NH_3 的性质，了解喷泉实验的原理。

过程与方法：
(1) 通过整理所给资料，提高学生分析资料并从中获取信息的能力。
(2) 通过观察实验，记录实验现象，并依据实验推导出物质性质，提高学生的观察能力和实验分析能力。
(3) 从氧化还原的角度帮助学生认识与汽车相关的部分含氮物质的转化关系。

情感、态度与价值观：
(1) 使学生通过理解与汽车相关的含氮物质的转化关系树立元素观、转化观。
(2) 使学生从氮的转化角度了解汽车尾气处理，体会化学对环境保护的重要意义。

2. 整体教学设计

本节课分为两大板块。第一板块，是认识五种与汽车相关的含氮物质及其物理性质与化学性质；第二板块，是在第一板块的认识基础上，逐层深入，了解含氮物质的转化。教学结构图如图 1 所示。

3. 教学过程

教学过程如表 1 所示。

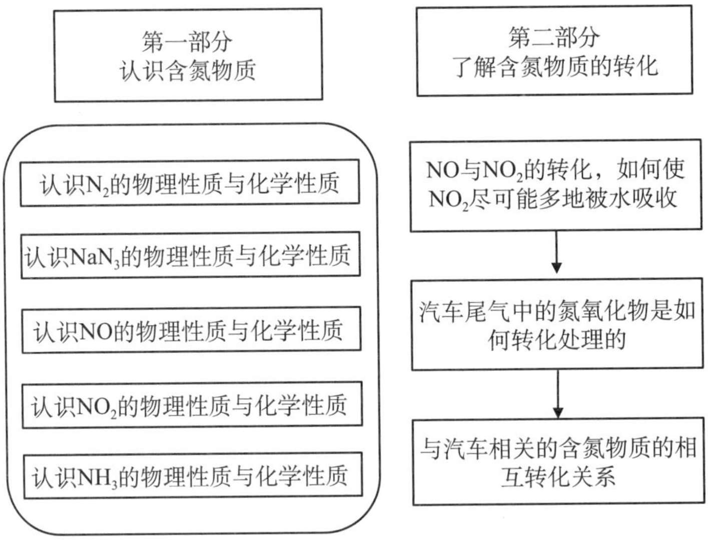

第一部分
认识含氮物质

第二部分
了解含氮物质的转化

认识N_2的物理性质与化学性质

认识NaN_3的物理性质与化学性质

认识NO的物理性质与化学性质

认识NO_2的物理性质与化学性质

认识NH_3的物理性质与化学性质

NO与NO_2的转化，如何使NO_2尽可能多地被水吸收

↓

汽车尾气中的氮氧化物是如何转化处理的

↓

与汽车相关的含氮物质的相互转化关系

图1 教学结构

表1   教学过程

环节	教师活动	学生活动	设计意图
环节1：引入	【引入】汽车改变了我们的生活，汽车中包含丰富的化学物质和化学知识。我们把视角聚焦在氮元素上，认识与汽车有关的一些含氮物质。	倾听，思考。	引入新课，引发思考。
环节2：认识汽车中的含氮物质——NO与NO_2的转化	【介绍任务】资料中介绍了哪些与汽车相关的含氮物质？你获知了该物质的哪些物理性质与化学性质？获知性质的依据是什么？播放视频。演示实验。组织讨论，引导学生整理、分析、归纳。	整理资料，找出资料中介绍的含氮物质，并找出资料中涉及的相关性质，初步填写学案中的表格。观看视频，观察实验，记录实验现象。分析实验现象，整理分析实验中体现出的物质的性质，交流讨论后将表格填写完整。	培养学生从资料文献中获取信息的能力。学生通过认真观察实验，并全面记录实验现象，推导出物质性质。在分析讨论中，学生之间互相启发，共同完成任务一。
环节3：汽车中含氮物质的转化	【介绍任务】NO与NO_2之间是如何转化的？如何使NO_2尽可能多地被水吸收？组织学生讨论：NO与NO_2之间转化的条件和产物；通入适当的氧气有助于NO_2尽可能多地被水吸收。	回顾任务一中的相关资料。思考，交流，分析，得出结论。认识NO、NO_2、HNO_3转化过程中氮元素的循环。体会化工生产过程中循环利用的思想。	从实验现象中受到启发。整理出NO、NO_2、HNO_3中氮元素的循环。认识氧化还原过程中氮元素的循环。

续表

环节	教师活动	学生活动	设计意图
环节 4： 汽车尾气中的氮氧化物的转化	【介绍任务】汽车尾气中的氮氧化物是如何转化处理的。 介绍氮氧化物的产生。 组织学生讨论得出消除氮氧化物的思路、方法。 介绍汽车尾气处理中的三元转化器及选择性催化还原（SCR）技术等。	思考、交流、讨论后得出： 1. 结合氮元素转化的思想，应将氮氧化物转化为无毒的氮气。 2. 寻找合适的还原剂。从资料中受到启发，得出氨气、一氧化碳、碳氢化合物等可做还原剂。 3. 反应的实验难点在于选择合适的反应条件——催化剂。	结合实际问题进行思考与讨论。 从氮元素转化和氧化还原的角度来理解问题。 体会反应条件对反应的意义。
环节 5： 与汽车相关含氮物质的相互转化关系	【介绍任务】画出汽车工作过程中这些含氮物质的相互转化关系。	学生先独立画出转化关系，再讨论交流，最后补充完善。	将整节课中涉及的含氮物质的化学性质系统化。
环节 6： 小结	【小结】汽车中氮元素的转化。 介绍新能源汽车，了解化学对汽车技术进步的作用和意义。	倾听并思考。	归纳提升。 使学生体会到汽车与化学的关系密不可分，化学使生活更美好。

4. 板书设计

板书设计如图 2 所示。

汽车中的化学

——氮的转化

一、　　　　　　　　　　　　　　　　　二、$NO \rightleftharpoons NO_2$

物质	物理性质	化学性质

三、$NO_x \rightarrow N_2$

四、与汽车相关的含氮物质的转化关系

图 2　板书设计

三、教学反思

对于与汽车相关的五种含氮物质 N_2、NaN_3、NO、NO_2、NH_3 的物理性质与化学性质，本节课没有采取讲授式的教学，而是为学生提供了丰富的资料，包括文字资料、实验演示、视频资料等。整节课一开始就把素材资料提供给学生，让每位学生独自观察、思考、记录，一步步推导出相关物质的性质，同时填写在自己的学案上，并让学生给出推理的依据。然后组织交流与讨论，学生之间互相补充、互相启发。

有了前面扎实的性质认知过程，后面关于含氮物质相互转化的讨论变得水到渠成。整个过程很顺畅，学生们掌握得也很到位。

本节课介绍了氮氧化物的危害和处理转化，也适当介绍了氮氧化物对于人类的价值，使学生对氮氧化物有了辩证的认识。小结环节介绍了新能源汽车——混合动力、电力、氢动力和新能源液氮空气汽车，拓宽了学生的视野，使学生了解到化学的进步对汽车行业发展的价值。

在本节课中，学生有明确的学习任务，经历了较完整的思维过程，归纳整理了学科知识，提高了认知能力。本节课是学生的一次"发现之旅"，学生必须充分调动化学知识来认识物质，认识物质之间的相互转化。学生之间的交流学习也是整个班级的深度学习，学生们的热情和积极性很高，思维也很活跃。

车　　窗

刘俊杰

一、教学内容

本节课为高二选修 5《有机化学基础》的复习课。有机物的一般研究方法、官能团及其性质、有机合成等内容在选修 5 中占据重要的地位。这部分的编排顺序既体现了认知渐进的过程，又体现了问题解决的过程。其中，有机合成部分几乎集中了有机化学中所有的核心内容，也展示了化学学科的魅力：创造新物质。因课标要求，教材无法涉及有机合成反应的方方面面。因此，对陌生物质、陌生反应的分析能力体现了对知识的掌握深度。这种能力具体体现在对有机化学中两个关键信息的解读上：官能团和碳骨架。将有机化学和生产生活紧密联系，在真实情境中锻炼学生分析陌生物质及其反应条件的能力，是本节课的突破。

在核心素养方面，我们不仅需要培养学生的问题解决能力，还要培养学生的创新思维能力。同时，要引导学生关注与化学有关的社会热点问题，认识环境保护的重要性，培养可持续发展意识和绿色化学观念；使学生深刻理解化学、技术、社会和环境之间的相互关系，能运用已有知识和方法综合分析化学过程可能给自然带来的各种影响，权衡利弊，勇于承担责任，积极参与有关化学问题的社会决策。

在评价方面，2016 年北京高考出现了有机合成路线设计；江苏则多年将有机合成路线设计作为有机推断的压轴题。此部分考查的难度虽然在预料之中，但是作为基础值得我们关注。

二、教学设计

1. 教学目标

知识与技能：
帮助学生复习有机物的官能团的性质以及鉴别方法、有机合成的分析方法。
过程与方法：

使学生通过讨论易挥发有机物的性质回顾官能团的化学性质；通过运用陌生反应信息设计合成路线，提升对有机物中官能团和碳骨架信息的分析能力。

情感、态度与价值观：

使学生认识环境保护的重要性，形成绿色化学观念，深入理解化学和环境之间的相互关系。

2. 教学过程

教学过程如表 1 所示。

表 1   教学过程

环节	教师活动	学生活动	设计意图
环节 1： 车内污染物：挥发性有机物（volatile organic compounds，VOC）	【引入】课前播放"汽车内污染物"相关的新闻视频。 【问题 1】如果你是购车者，你如何去讨论这个说法？请阅读资料卡片 1，说说你的想法。 【讨论】如果需要检测车内是否有 VOC，请看看常见有机试剂是否能够满足这一要求。 【展示】运用仪器分析方法检测混合气体组分。	观看车内有机挥发物危害的视频。 从资料中获得信息，了解 VOC 的概念、来源、危害。对问题情境产生兴趣。 在表格中判断单一有机物在常见检验试剂中的现象。 倾听现代有机分析中色谱检测的应用。	了解新车在空气质量方面可能存在的问题。 引导学生自主学习 VOC 的相关信息。 回顾官能团和有机物性质。 介绍有机物分析的前沿方法，拓宽学生视野。
环节 2： 可降解高效粒子过滤网（high efficiency particulate air filter，HEPA）的材料制备	【问题 2】车内还有什么污染物？ 【展示】车内用 HEPA 的作用，HEPA 的性能及寿命。 【问题】如何解决大量滤网更换带来的环境污染问题？ 【展示】可降解聚合物的代表。 【任务】利用常见化工原料乙烯或丙烯制备聚乳酸。 【追问】你是如何分析得到这条路线的？你注意到给出信息的什么特点？	思考：车内还有什么"污染"组成？ 倾听新材料的相关信息，了解材料的性能要求。 思考如何解决材料需求与保护自然环境存在的矛盾。 报告小组讨论或个人思考后的解决思路，提出利用可降解聚合物制备 HEPA 的可能性。 思考：运用课上所学的常见原料和反应方法制备滤网材料。 【展示】运用课上所学的反应，设计简洁合理的路线，制备聚乳酸。 回顾合成路线的设计思路，分析资料卡片的信息。	引入新的问题情境。 引入情境背后的任务要求，让学生关注健康和环境。 分析产物结构和原料结构特点，通过正向或逆向合成分析方式推导可能的路线。 提升对关键信息的解读能力。巩固目标有机物的碳链结构，提升对官能团信息的比较判断能力。

续表

环节	教师活动	学生活动	设计意图
环节 3： 设计聚己内酯的制备路线	【任务】以常见化工原料环己烷为原料，设计制备聚己内酯（poly ca-prolactone，PCL）的合成路线。 【汇报】小组讨论得出的设计路线。	运用题目中给定的原料和资料卡片中的信息，通过逆合成分析判断合成路径，合理设计反应步骤。 汇总信息。	巩固合成路线分析方法。提升对陌生物质及反应路线的设计能力。

三、教学反思

在有机化学的学习过程中，学生从常见有机物出发，认识了不同类别有机物的结构和性质的关系，掌握了含常见官能团有机物的物理性质及化学性质的判断方法，并且能够对陌生有机物的性质进行预测。学生通过循序渐进式学习构建的能力在遇到真实情境问题时却面临挑战，这种情况经常体现为：学生在课堂上都能听懂，一旦要解决有陌生物质的推断或合成问题却无从下手。为了模拟真实情境下的问题解决，形成问题解决的技巧、策略，我们创设陌生情境，充分利用素材形成明确的任务需求，设计"重复"的问题链，让学生自发形成任务分解能力，获得稳定的问题解决思路。

有机物中，结构和性质辨析思维水平要求较低；而在化学学科中，物质鉴别、分离与提纯等问题则是一个开放性的综合问题，要求具备较强的思维能力。汽车中的"挥发性有机物"（VOC）是车内材料饰品生产和使用过程中需要关注的问题。在生产环节，设计师应该选择产生 VOC 较少的材料；购车后的消费者也应该注意选择合适的吸附材料，避免 VOC 危害健康。通过这个熟悉的情境，学生可以快速对车内"VOC 的鉴别"问题产生兴趣。通过对有机物中结构的分析，学生判断混合有机气体鉴别的系列方法；在独立思考的环节调用基本知识和技能；在讨论环节的分享过程中评价其他同学的方案，获得简单、易行的方法。在学生报告环节，可以看到部分学生选择方法时只考虑单个官能团的性质，没有全盘考虑各组分的相似点和不同点。但在分享几种具有代表性的方法后，短时间内几乎所有学生都能够从分散的信息中获得较合理的方法组合。

逆合成分析也是有机化学在 20 世纪七八十年代的重要突破。此后的有机化学不再是一门"艺术"，它变得有章可循、有法可依。作为有机化学教学中的重难点，逆合成分析以及有机合成设计是考查学生思维能力和深度的两个最常见的方面。

本节课的第二部分还是基于真实情境，从汽车内饰的代表材料聚合物的结构分析出发，让学生比较聚合物和单体间的结构差异，利用"结构—性质"关系选择合适的路径来合成目标聚合物，在此过程中提升学生运用陌生信息设计有机高分子的能力。在比较"无信息补充"和"补充陌生信息"的合成路线设计的两类问题的解答后发现，学生遇到的困难并没有因为是否有补充信息而出现较大的差别。开放式的"无信息补充"问题需要调用最合理的信息，在解决"断键分析""官能团转化"问题时面临较严峻的挑战。"补充陌生信息"问题则是一个强提示，产物关键结构和原料结构在"限定"的方法中考虑，这种情况下思维水平反而相对较低。

在方案评价环节中，如何引导学生在讨论环节出现的众多方案基础上形成符合"科学、简单、经济、环保"要求的合成路线设计，对老师的点评提出较高的要求。

"科学"要求设计的方法从主产物结构上符合要求，尤其是官能团位置有多个可能的反应、存在需要保护—脱保护要求的反应、反应过程中酸碱性需要额外操作调节的情况都要在科学性上满足要求。"简单"要求在比较合成路线时，要在保证科学性的前提下精简路径、减少冗余。可以适当补充"理论上"和"实际操作"之间的差别，丰富学生在化工生产方面的知识。"经济"可以结合简化路径的要求，也可结合常见有机原料的价格因素，选择合适的原料和路径获得目标物质。可以以具体情况补充"全合成"学科发展的情况，让学生体会有机化学"产生新物质"的神奇之处。"环保"也是容易被忽视的一个角度。本节课第一部分就考虑到有机材料的使用可能涉及的环保问题；而第二部分需要让学生考虑生产过程涉及的原料、试剂、反应条件、三废等问题，了解"原子经济"以及"绿色化学"的概念。

本节复习课以汽车中的化学这个综合性较强的素材为出发点，帮助学生从"结构—性质"角度集中回顾常见有机物的鉴别。掌握高分子材料的合成路线设计有助于提升学生对有机化学学科的综合分析能力。通过真实情境下任务分解、开放式问题设计、小组讨论汇报点评的过程，本节复习课帮助学生掌握有机合成类问题的解决策略。

金属材料的回收和利用（一）

贺新

一、教学内容

实验是高考考查的重点，也是高三复习中学生认为的难点。实验试题对学生的综合能力要求高，不仅是各类知识的综合应用，而且重点考查的是学生的实验思维能力。废旧汽车中金属材料的回收和利用是现在社会重要的研究方向之一。金属属于不可再生资源，且具有很高的经济价值。本节课以废旧汽车中含量最高的金属铁的回收和利用作为载体，创设复习常见仪器和基本操作的实验情境与问题情境。

高考考试说明对本节课教学内容的要求如下：

1. 了解化学实验常用仪器的主要用途和使用方法。2. 掌握化学实验的基本操作。3. 综合运用各类物质的性质，进行常见物质（包括离子）的分离、提纯和检验。4. 能根据实验要求做到：（1）设计、评价或改进实验方案；（2）采取适当的方法控制实验条件；（3）描述实验现象并收集有关数据；（4）分析现象和处理数据并得出合理的结论。

高考考试说明对化学学习能力的要求如下：

化学实验与探究能力：（1）了解并初步实践化学实验研究的一般过程，掌握化学实验的基本方法和技能；（2）在解决简单化学问题的过程中，运用科学的方法，初步了解化学变化规律，并就化学现象提出科学合理的解释。

在复习过程中，学生在知识、技能基础方面会遇到什么问题呢？常见仪器和基本操作在以往新授课的学习中已经出现，但由于分散在从初三到高二整个的学习过程中，学生缺少整体认识和综合应用。

二、教学设计

1. 教学目标

知识与技能：

（1）使学生认识到废旧汽车中的各种材料都是资源，了解废旧汽车中各种材料的回收流程。

（2）使学生了解化学实验常用仪器的主要用途和使用方法；掌握一些重要化学

实验的基本操作；利用物质的性质，对 Fe^{2+} 和 Fe^{3+} 等常见离子进行检验；实施实验方案设计和评价。

（3）使学生初步学习用简易流程图的方式表示工业制备流程；学会从废旧汽车中回收金属铁，并掌握利用废铁制备新物质的思路和方法。

过程与方法：

（1）通过从废旧汽车中回收金属铁，并利用废铁制备 $FeSO_4 \cdot 7H_2O$ 晶体，使学生认识化学方法在制备物质过程中的作用。

（2）通过从废旧汽车中回收金属铁，并利用废铁制备 $FeCl_3 \cdot 6H_2O$ 晶体，使学生形成综合分析和解决实际问题的思路。

情感、态度与价值观：

使学生感受化学在开发利用自然资源中的作用，应用已有知识从多角度综合分析和解决实际问题，走可持续发展的道路。

2. 教学过程

教学过程如表 1 所示。

表 1   教学过程

环节	教师活动	学生活动	设计意图
环节 1：引入	【引入】展示汽车图片。随着人们生活水平的提高，汽车已经进入千家万户，成为我们日常出行的主要交通工具。 【问题】报废汽车是垃圾吗？ 【展示】报废汽车中各种材料的回收流程。	观看、倾听并思考：报废汽车是垃圾吗？如何回收报废汽车中的材料？了解报废汽车中各种材料的回收流程。	引发学生对"报废汽车"这一资源的回收和利用的思考。 使学生对资源回收有初步的了解。
环节 2：回顾基础实验，初步认识分析问题和解决问题的角度	【展示】制备 $FeSO_4 \cdot 7H_2O$ 的流程。 【问题】制备方案中用到了哪些仪器？涉及哪些操作？ 【任务】请根据用途对常见仪器做一个简单的归类。 【问题】制备方案中涉及哪些操作？ 【追问】这些操作在制备流程中的作用？ 【问题】如何检验 Fe^{2+}？ 【实验】检验 Fe^{2+}。 【问题】制备方案中有没有不合理的地方？	观看、思考并回答：烧杯、酒精灯；过滤用的仪器，包括烧杯、漏斗和玻璃棒。 分组活动：学生找出实验盒中能加热的仪器。 回顾和思考：制备方案中涉及的过滤和洗涤操作，其目的是为了得到更多的 $FeSO_4 \cdot 7H_2O$ 晶体。 思考并回答：Fe^{2+} 的检验方法。 思考并回答：废铁屑加入过量的稀硫酸。由于铁中含有"锈"，所以废铁屑和铁锈同时溶在酸中。	通过对废旧汽车中铁回收的认识，了解以废铁为原料制备 $FeSO_4 \cdot 7H_2O$ 的流程。 思考和回顾制备方案中用到的仪器和涉及的基本操作；明确这些仪器和操作在制备流程中的作用。 巩固常见离子的检验方法。 通过对制备方案的分析与评价，认识化学方法的作用。

续表

环节	教师活动	学生活动	设计意图
环节3：形成综合分析和解决实际问题的思路	【任务】设计制备 $FeCl_3 \cdot 6H_2O$ 晶体的方案。 可供选择的试剂包括：盐酸、还原铁粉、MnO_2 粉末。 【展示】方案二，见 PPT。 【问题】方案二中部分装置的作用？ 【问题】如何检验 Fe^{3+}？ 【实验】检验 Fe^{3+}。 【问题】方案一与方案二中有哪些共同的操作？ 【问题】请说说方案一与方案二哪个更好？ 【小结】废旧汽车中金属铁的回收和利用。	思考并回答："铁和盐酸反应后再通入 Cl_2，之后将溶液加热浓缩、冷却结晶、过滤"，形成方案一。 思考并回答：剖析方案中每个装置的作用。 观察、思考并回答：Fe^{3+} 的检验方法。 思考并回答：加热浓缩、冷却结晶、过滤等实验操作的要点。 分析、思考并回答：从多角度全面考虑和解决实际问题的思路和方法。	培养学生设计物质制备方案的能力，使之进一步认识到化学方法在制备物质时的作用。 由"分"到"总"，培养学生综合分析问题的能力。 进一步巩固常见离子的检验方法。 培养学生分析、对比的能力。 培养学生应用已有知识综合分析和解决实际问题的能力。

三、教学反思

本节课的教学设计改变了以往高三基础实验平铺直叙的复习方法，很好地将基础实验嵌入"汽车中金属材料的回收和利用"的情境中，创设了真实的实验情境和问题情境。课后学生普遍反映：在解决问题的过程中，了解了化学实验常用仪器的主要用途和使用方法；掌握了一些重要化学实验的基本操作；运用物质的性质，对 Fe^{2+} 和 Fe^{3+} 等常见离子进行了检验；在设计制备方案的过程中对比、评价和优化实验方案，认识到化学方法在物质制备中的作用。本节课以废旧汽车中含量最高的金属铁的回收和利用作为载体，创设复习基础实验的情境。通过对制备方案的分析与评价，使学生认识化学方法的作用；由"分"到"总"，让学生在分析和解决实际问题的过程中明确常见仪器和基本操作的作用；优化了教学方法，切实提高了课堂效率，真正培养了学生应用已有知识综合分析和解决实际问题的能力。当然，这节课对于汽车本体的相关问题的发掘有待进一步深入。

金属材料的回收和利用（二）

陈昊

一、教学内容

　　废旧汽车中金属材料的回收和利用是当下金属制品重要的研究方向之一。金属属于不可再生资源，且具有很高的经济价值。以废旧汽车中含量最高的铁元素为例，通过化学物质的多步转化，制备新型高效净水剂聚合硫酸铁产品。在制备的过程中需要学生多角度、多层次综合思考问题，调动多个不同模块教材的知识点，利用氧化还原反应和分离提纯操作设计实验路线。引导学生在真实工业生产路线中注重化学反应速率和平衡，从而提高学生设计和优化物质转化路线的能力，使学生能应用化学反应原理解决实际生产问题。

二、教学设计

1. 教学目标

　　知识与技能：

　　通过汽车中金属的回收利用过程，深化学生对化学反应原理的应用，使其认识到化学反应是在一定条件下进行的。

　　过程与方法：

　　通过分析材料和实验方案设计，使学生体会反应速率和化学平衡知识在金属回收中的重要性。

　　情感、态度与价值观：

　　通过对利用废旧汽车中的金属材料制备产品的介绍，使学生认识其是一种资源，需要符合经济可行、环境友好的化学工艺，促使学生学以致用。

2. 教学过程

　　教学过程如表1所示。

表1   教学过程

环节	教师活动	学生活动	设计意图
环节1：引入	问题：请看图片，浊液是如何变清澈的？和汽车有何关系？	回答：用净水剂。可能是含铁的净水剂，因为铁离子易水解成胶体。	让学生在注重经济效益和环境友好的条件下分析回收工艺，发展综合能力。
	介绍聚合硫酸铁这种新型净水剂。	倾听并思考：分子式特点。	
环节2：分析聚合硫酸铁制备过程中发生的反应。	问题1：根据工业上利用废旧汽车提取铁制备聚合硫酸铁的流程图，分析其中的物质转化和反应。	回答：物理初步处理得到主要含铁单质的混合物和过量硫酸反应得到硫酸亚铁溶液，经过氧化剂氧化得到硫酸铁溶液，控制反应条件，铁离子不完全水解得到聚合硫酸铁。	发展学生核心素养，训练学生提取信息、读懂材料的能力。
	问题2：如何选择合适的氧化剂？	回答：经过各个小组讨论，有空气、双氧水、氯气、高锰酸钾、次氯酸钠、硝酸等氧化剂可以实现二价铁到三价铁的转换。空气和双氧水洁净，氯气、高锰酸钾、次氯酸钠会引入杂离子，硝酸还会排放氮氧化物污染环境。而从价格考虑，空气最佳。	帮助学生在真实情境下综合考虑，得出评价标准，关注环境问题。
	问题3：工业最终选择了空气，但是发现反应速率过慢。如果提高氧化反应的速率呢？	回答：提高温度，提高反应物浓度，改变溶液 pH，加入催化剂。	让学生利用化学反应原理中学习到的反应速率知识来解决新的反应速率低的问题。
	问题4：如何寻找催化剂？	回答：该物质既可以快速氧化二价铁离子，又可以被氧气快速氧化，改变反应路径，加快反应速率。熟悉的物质有硝酸可以承担催化剂功能。	
环节3：分析异常现象	问题5：加了催化剂，发现溶液颜色从浅绿先变棕，最后变为黄色。根据资料，请从反应速率和限度的角度对现象进行分析。	回答：可逆反应速率快，不可逆反应速率慢。	让学生利用化学反应原理中学习到的化学平衡知识来解释新的反应平衡的问题。
	问题6：请你设计一个实验，利用硝酸将二价铁转化为三价铁，同时避免此异常现象发生。	回答：设计双液原电池，可以避免氧化反应和还原反应在同一装置中发生，避免 NO 和二价铁离子接触。	

续表

环节	教师活动	学生活动	设计意图
环节 4：一锅法简化反应装置	问题 7：为了简化反应设备和装置，一锅法是一种方便简单的实验理念。在聚合硫酸铁的制备中，使用一锅法的好处是什么？需要注意什么？	回答：从物质利用角度，水解产生的硫酸可以用于硫酸亚铁的制备。酸溶是放热反应，热量可以有利于后续的水解反应。注意投料比，如果硫酸过多，抑制水解；如果硫酸过少，容易生成氢氧化铁。	让学生从物质和能量角度理解循环利用，节能减排。
环节 5：测定产物中的离子比	问题 8：请你设计实验方案，测定聚合硫酸铁产品中的离子比例关系。	回答：取质量为 m 的固体样品，加入过量盐酸溶解。等分 2 份，一份加入过量氢氧化钠溶液，过滤、洗涤、干燥氢氧化铁，称重。另一份加入过量氯化钡溶液，过滤、洗涤、干燥硫酸钡，称重。根据质量守恒原理计算氢氧根的质量。	让学生发展实验方案设计能力。
环节 6：小结	资源是有限的，所以回收和利用金属材料是一个重要方向。通过富集、转化、分离、提纯，只要综合利用，走可持续发展道路，就可以变废为宝。	倾听并思考：物质和能量转变并重，经济和环境双赢。	让学生体会化学反应原理在实际生产生活中的应用。

3. 板书设计

板书设计如图 1 所示。

金属材料的回收和利用（二）

1. 聚合硫酸铁的成分分析
2. 制备工艺：酸溶，氧化，水解，聚合过程
3. 聚合硫酸铁产品测试实验方案设计

图 1　板书设计

三、教学反思

通过本节课的设计和实施，课后同学们普遍反映更容易分析具体的考题和材料，懂得如何找到切入点，并且在答题过程中可以更熟练和快速地应用化学反应原理解释现象，同时在实验方案的设计方面有了一定的提高，在离子检测过程中可以根据具体操作过程更具体地思考。通过四个环节，利用物质转化和反应原理设计并调控反应，帮助学生形成解决实际化学问题的基本思路，让学生进一步体会化学工艺流

程设计和化学反应原理在实际生产生活中的应用价值。落实化学中的核心观点：化学反应是在一定条件下发生的；条件改变，反应有可能改变。从封闭的、僵硬的对知识的记忆转向开放的、动态的对问题的思考，这节课仅仅是以将废旧汽车中的铁元素转化为聚合硫酸铁产品为例，希望启发学生形成从个别到一般的规律性思维方式，最终可以将三年所学知识灵活运用到各类实际问题中，理解科技是第一生产力，化学应该为社会和人类进步服务。在准备这节公开课的过程中，我阅读了 50 多篇文献，目的就是将实际生产生活问题在课堂上还原，因为这样的素材和情境更能有效激发学生的思考和能力发展。

汽车中的材料和变化

张文胜

一、教学内容

本节课涉及"材料"与"变化"两个关键词，其相关教学内容在《普通高中化学课程标准（2017 年版 2020 年修订）》（以下简称"课标"）中的表述如表 1 所示。

表 1　　　　　　　　　"材料"与"变化"在课标中的表述

关键词	一级主题	二级主题	标准
材料	二、身边的化学物质	（三）金属和金属矿物	4. 认识金属材料在生产、生活中的应用。
	五、化学与社会发展	（二）常见的化学合成材料	1. 知道常见的塑料、合成纤维、合成橡胶及其应用。
		（四）保护好我们的环境	1. 认识处理"三废"的必要性和一般原则。（素材：汽车尾气净化处理）
变化	四、物质的化学变化	（一）化学变化的基本特征	2. 知道物质发生化学变化时有能量变化，认识通过化学变化实现能量转化的重要性。4. 初步形成"在一定条件下物质可以转化"的观点。
		（二）认识几种化学变化	3. 知道利用化学变化可以获得新物质，以适应生活和生产的需要。

本节课以"化学能为汽车做些什么"为驱动性问题，以"制造汽车所需要的材料"和"汽车运行中所发生的化学变化"为讨论线索，充分体现了化学为汽车发展所做出的贡献，旨在激发学生运用化学知识分析并解决实际问题，感受化学在改善人类生活方面的学科价值。教学设计的整体思路如图 1 所示。

基于以上内容，本节课的课时安排适合于复习课的教学。

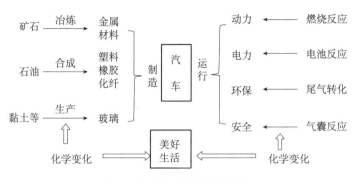

图1　化学能为汽车做些什么

二、教学设计

1. 教学目标

知识与技能：

（1）了解制造汽车所需的主要材料，认识到物质性质影响物质用途。

（2）知道制造汽车的材料多数要通过化学的方法冶炼、合成获得。

（3）知道汽车的动力与电力供应、尾气净化及安全气囊工作等都涉及化学变化。

（4）知道化学变化是实现物质转化与能量转化的重要途径。

过程与方法：

（1）在探究汽车中的材料和变化等活动中，提高学生在真实的问题情境下发现、提出问题并初步分析、解决化学问题的能力。

（2）使学生在对化学变化基本特征的分析过程中，学会从化学的视角认识身边的物质和变化，逐渐形成科学的物质观和变化观。

情感、态度与价值观：

学生通过对汽车中材料及所发生变化的探讨，体验到化学就在身边，感受到化学的发展和应用正在改善我们的生活，从而认识到合理利用科技会促进人类进步。

2. 教学设计整体思路

本节课选取学生熟悉的交通工具——汽车作为教学载体，基于初中阶段的化学知识结构和学生的认知水平，以宏观认识"汽车中的材料"和"汽车中发生的化学反应"为问题线索，能让学生有机会在真实的问题情境下发现问题并提出问题，运用化学知识去分析解决问题，教会学生从化学的视角去认识身边的物质和变化。本节课的教学设计主要想突出以下两点：

第一，通过本节课的教学，进一步激发学生学习化学的兴趣，使学生感受化学的学科魅力和学科价值。初中是化学教学的启蒙阶段，能让学生一开始就喜欢上化学并逐渐学会从化学的视角认识身边的化学现象。使学生能够分析并解决基本的化学问题、形成一些基本的科学观念，是初中化学教学的重要目标。教师在引入语中的一句"化学能为汽车做些什么"开启了学生们探寻汽车奥秘的化学之旅。通过探寻制造汽车的材料和为了保障汽车的正常运行汽车中发生了哪些化学变化这两个主要教学活动，学生们发现制造汽车的许多材料都是通过化学变化冶炼、合成获得的，发现汽车的动力来源、汽车的安全保障、汽车的尾气净化等都有化学变化的功劳！我们的化学竟然为汽车做出了这么多贡献！有用、有价值是激发学生深入学习的深层次动力。

第二，本节课还特别想引导学生思考一个问题：化学变化为什么具有如此广泛的应用价值？从设计的初衷来看，本节课中，教学不仅停留在"发现"这个层面上，课堂教学过程也绝不是一个"汽车中的化学知多少"的知识大比拼，所以在学生探寻汽车的材料和汽车中的化学变化后，教师又力图让学生的思维回到学科原点，思考化学变化的基本特征是什么、这些特征与应用之间的联系是什么，让学生领悟到：正是由于化学变化总是伴随着物质转化和能量转化这两个基本特征，才可以为汽车提供如此多具有优良性能的材料；才可以通过汽油的燃烧释放能量，为汽车提供源源不断的动力；才可以通过化学反应为车载电池充电和放电，从而为汽车提供必要的电力；才可以通过特殊的分解反应产生气体，瞬间打开气囊，在汽车事故中保障人的生命安全；才可以将汽车尾气中的有害成分变成无害气体，减少汽车尾气污染，保护环境，等等。化学变化对人类的贡献主要体现在提供物质和能量，必要的时候也可以消耗物质和吸收能量，这种思路的形成就不再拘泥于汽车中的化学了——化学在其他方面的应用也是如此。这种思路形成更具有统摄作用，更有利于学生对化学变化的深入理解和应用，是一个有深度的学习过程。

3. 教学过程

教学过程如表 2 所示。

表 2　　　　　　　　　　　　　教学过程

环节	教师活动	学生活动	设计意图
环节 1：引入	1. 展示图片：世界上第一辆汽车奔驰 1 号及其设计者卡尔·本茨。 2. 播放视频：《改变世界的机器　汽车》（摘自纪录片《汽车百年》）。 3. 教师概括：纵观汽车的百年发展史，其间经历了无数的坎坷，其发展过程是在不断找寻一颗强劲的"心脏"（发动机），不断塑造完美的外形（车身）；汽车诞生几十年后，人们才给汽车穿上一双舒适的"跑鞋"（轮胎）。 4. 提出问题：汽车的诞生和发展凝结了无数发明家的心血。汽车的每一次改造和进步都是人类需求与科技的完美结合！那我们的化学能为汽车做些什么呢？	1. 通过老师展示的图片、视频和讲解，认识到汽车从诞生时的被人嘲笑到今天时尚便捷的发展过程，能够从科学发展的角度去认识身边的事物。 2. 感受汽车发展中的科学精神和人文情怀。	1. 教师在备课过程中查阅了大量关于汽车发展史的资料。教师自己体会到汽车发展的不易，被其中的人和事所感动。教师力图将这种感动传递给学生，通过图片、视频和有感染力的文字激发学生的汽车情怀和执着的科学精神。 2. 通过一句"化学能为汽车做些什么"自然地过渡到汽车中的化学这一主题，引发后续的学习活动。
环节 2：探寻制造汽车的材料	组织学习活动 1： 探寻制造汽车所需的材料 组织问题讨论： 1. 你认为制造汽车会用到哪些材料？这些材料主要用于汽车的什么部件？ 2. 选择材料的依据是什么？ 3. 简要分析不同材料的来源和生产途径。 教师总结：我们要识别材料的种类，就必须深入了解材料的化学成分是什么，是什么物质，这种物质具有什么样的性质才更适合做什么汽车部件。同时，我们发现，制造汽车的许多材料是自然界不能直接提供的，需要通过化学的方法来生产和合成，它们大大提升汽车的性能，提高我们驾车和乘车的舒适度，提高我们的生活品质。	1. 说出汽车中所用到的材料种类及制造的主要部件，从而将材料的用途与性质关联起来。 2. 在老师的引导下对这些材料进行归类：金属材料（铁、铝、铜等）、有机合成材料（塑料、橡胶、合成纤维等）、非金属无机材料（玻璃等）。 3. 讨论思考这些材料的来源和生产途径。 矿石 —冶炼→ 金属 石油 —合成→ 塑料 橡胶 化纤 黏土等 —生产→ 玻璃	1. 通过识别制造汽车所需的材料，促进学生关注生活、关注材料。 2. 引导学生从材料物质类别的角度对材料进行分类，教会学生从化学的视角认识身边的物质。 3. 实践应用从部件性能的需求角度寻找材料，或是从材料的用途角度分析其特点和性质。 4. 通过对材料生产途径的分析，凸显化学在合成材料方面的学科价值，使学生感受化学对汽车发展做出的贡献。

续表

环节	教师活动	学生活动	设计意图
环节3：探寻汽车中的化学变化	组织学习活动2：探寻汽车中的化学变化 组织问题讨论： 1. 为确保汽车的运行，汽车中发生了哪些化学变化？ 2. 这些化学变化的作用分别是什么？ 3. 为什么这些化学变化能起到这些作用？	1. 基于生活经验、阅读积累和化学学习来思考汽车运行中发生的化学变化。 2. 分析这些变化对汽车运行所起到的作用，并将这些作用与化学反应的特点结合起来。 3. 写出相关反应的化学方程式，或由老师提供，学生来分析。 可能讨论到的反应： a. 发动机中汽油的燃烧 b. 尾气净化反应 c. 安全气囊反应 d. 车载电池反应（选）	在真实的问题情境下寻找、分析化学变化的基本特征，提高学生对化学变化的基本认识。 1. 反应物、生成物和反应条件是构成化学变化的基本要素。 2. 化学变化中既有物质转化，也有能量转化。 3. 化学变化是可以利用的。
环节4：化学变化的基本特征与应用的关系	组织学习活动3：化学变化的基本特征与应用的关系 组织问题讨论： 1. 化学变化的基本特征是什么？这些特征是如何应用到实际中去的？ 2. 认识到化学变化的特征及应用的关系，请同学再举出其他的应用实例。	1. 能从物质转化和能量转化两个角度认识化学变化的特征，并将这些特征与汽车中的化学变化联系起立，整理出如下关系： 化学变化特征　在汽车中的应用 化学反应｛物质转化｛产生新物质——安全气囊填充、合成汽车中的材料 消耗旧物质——有害尾气转化 能量转化｛放出能量——提供动力、电力 吸收能量——车载电池充电 2. 通过对其他实例的讨论（如下所示），进一步理解、应用这一思维模型。 化学反应｛物质转化｛产生新物质——制取氧气 消耗旧物质——脱氧剂、干燥剂 能量转化｛放出能量——"暖宝宝"反应 吸收能量——光合作用	1. 引导学生从多角度认识化学变化的特征。 2. 引导学生从事实体会上升到思路方法的形成。 3. 通过对其他实例的讨论，将这一思路和认识推而广之，体现这个认识的本质性和统一性，促成学生"顿悟"之感。
环节5：小结	结合板书和ppt总结本节课	整理思路	形成整体认识，体现化学价值

三、教学反思

从课堂实施过程来看，由于选取了学生熟悉的事物作为教学素材，学生的参与度较高，课堂气氛比较活跃，整个教学过程流畅，课后学生有较深的感悟。但这些并不能弥补这节课在我心中的不足和遗憾，还需要反思和改进。

　　上完课后，根据课堂上学生的表现和课后的访谈，感觉本节课的最大不足是教师在本节课中的主导作用偏多，学生自主探究学习过程体现不明显。出现这种局面是问题设计得过大、过广所致。如果能设计出更有探究性的问题，可能会更好。比如安全气囊的问题，由于大部分学生不知道这个反应，正好可以设计成：如果你是汽车工程师，应该设计出什么样的化学反应用于安全气囊，从而保护人的安全？学生就要结合实际需求和化学反应的特点来设计，要寻找这样一种反应：其反应物必须无毒、无害、较稳定、易存放；反应条件与汽车遭撞击相关联；反应速度要快；必须瞬间产生大量无毒无害的气体，使气囊膨胀；等等。学生能从这些角度去分析，就非常有助于能力的培养，知不知道、有没有记住这种化学反应根本不重要，重要的是培养学生利用化学反应解决问题的思维方法。这样，探究的味道就有了。当然，课后研讨中，专家们认为本节课可以作为"汽车中的化学"的起始课、一节主题序言课，帮助学生从整体上认识汽车与化学的关系，方便逐个深入探究后续课题。从这一角度看，本节课算是一次比较不错的尝试。

氧化还原反应

邹明健

一、教学内容

本节课选自人教版化学必修 1 第二章第三节。

2003 年的《普通高中化学课程标准（实验）》对本节内容的要求为：根据实验事实了解氧化还原反应的本质是电子的转移，举例说明生产生活中常见的氧化还原反应 。

《普通高中化学课程标准（2017 年版 2020 年修订）》（以下简称"课标"）对本节内容的要求为：认识有化合价变化的反应是氧化还原反应，了解氧化还原反应的本质是电子的转移，知道常见的氧化剂和还原剂。

近年考试说明要求：在分析元素化合价变化的基础上，理解氧化还原反应的本质；根据氧化还原反应的规律研究物质的化学性质以及常见氧化剂和还原剂之间的反应。

氧化还原反应是化学反应中最为基本的一种反应类型，广泛存在于生产和生活之中，其本质为电子的转移（得失或偏移）。电子的转移使物质的存在形态和性质发生了质的变化，通常还伴随着能量的巨大变化。对氧化还原反应的理解和运用极大地提高了人类认识自然、改造自然的能力。

教材在"物质的分类"之后、"元素化学"之前设置"氧化还原"内容，是为了引导学生更好地运用这一原理和方法去认识、理解物质间的联系，并为"元素周期律""化学反应与能量"进行必要的准备。

本节为氧化还原的第三课时，拟结合"汽车"这一真实情境进一步强化学生对氧化还原反应知识的理解和掌握；同时结合国际学生评价项目（Program for International Student Assessment，PISA）调查中反映出的问题，在对氧化还原反应的复习中训练学生从非连续文本、复合文本中提取信息、分析信息的能力。

学习本课时，学生刚刚进入高中阶段，对于化学反应的理解停留在直观、形象的感性认识层面，还不擅长对规律的分析和对宏观现象的微观本质的挖掘。

经过初中阶段及前两课时的学习，学生已对部分常见氧化剂、还原剂有了初步的了解，但尚未掌握分析陌生反应或陌生氧化剂、还原剂的思路与方法。学生在初中已经学习了内燃机的工作原理。

在此前的学习过程中，学生仅接受过从小篇幅、无"富余"信息的连续文本中提取信息并进行转述的训练，未接触过从基于真实情境的非连续文本、复合文本中提取信息并进行综合分析的任务。因此，学生可能出现进入情境慢、无法提取关键信息、建立模型困难等问题。

此外，在以往的学习中，学生更倾向于运用已熟练掌握的内容性知识去解决问题，而非运用程序性知识、认知性知识解决问题。在首次尝试的过程中，学生可能会缺乏动力与信心，存在畏难情绪。

本节课以汽车为载体，聚焦于汽车中的氧化还原反应，围绕"为什么能跑、怎么能跑得更快、尾气怎么办"等问题分析氧化还原反应在生产、生活中的价值（见图1）。

图1　汽车中的氧化还原反应

二、教学设计

1. 教学目标

知识与技能：

使学生通过对汽油燃烧、尾气处理反应的研究，掌握氧化还原反应的分析角度；从发动机工作参数表等非连续文本中科学地获取信息并阐述信息。

过程与方法：

使学生通过提升汽车速度、寻找尾气处理试剂等过程，了解创新发展的思路；通过对不同氧化剂、还原剂释放能量表的分析，掌握非连续文本的分析方法。

情感、态度与价值观：

使学生在运用所学知识探究物质变化、解决实际问题的过程中，充分感悟化学知识的价值，做到学以致用。

2. 教学过程

教学过程如表 1 所示。

表 1　　　　　　　　　　　　　　教学过程

环节	教师活动	学生活动	设计意图
环节 1：复习氧化还原反应的分析方法	引入：播放自行车、汽车移动的动画。汽车为我们的生活带来了极大的便利。 任务一：思考汽车为什么能跑。汽油的化学组成可用 C_8H_{18} 代表，请写出汽油完全燃烧的化学方程式，并用单线桥方法分析该反应。 任务二：结合信息分组讨论"驱动汽车为什么必须利用氧化还原反应"。	观看并思考：汽车如何被驱动？汽车行驶的原动力是什么？ 书写汽油完全燃烧的化学方程式，并运用单线桥方法分析该反应；分析氧化还原反应与汽车运行间的联系，从驱动机理入手分析驱动汽车为什么必须利用氧化还原反应。	通过氧化还原反应在生活中的应用实例激发学生兴趣。 结合实例，巩固落实氧化还原反应的基本分析方法。 体会氧化还原反应在实际生产生活中发挥作用的方式。
环节 2：利用所学知识理论解决实际问题	任务三：结合所提供信息（量产车最大速度随时间变化图、不同氧化剂与还原剂释放能量表）分组讨论"选用哪两种物质组合可以使汽车跑得更快"。 展示以 N_2O_4 与 N_2H_4 驱动的汽车行驶和发动机工作的视频。	观看、讨论、总结、汇报： 根据环节 1 所得出的结论，结合所提供物质的氧化性与还原性进行燃料与助燃剂的搭配，并根据对几个氧化还原反应的分析选择合适的氧化剂与还原剂的组合。 观看、思考。	以真实情境推动学生思考氧化还原反应的其他分析角度，进一步理解氧化还原反应在实际生产生活中发挥作用的方式。 以直接、丰富的感官刺激激发学生的学习热情。
环节 3：利用所学知识方法践行社会责任	任务四：上述视频最后出现了大量的有害尾气。汽车实际运行中也会产生有害尾气。应该采取什么样的方法去除这些尾气？（用 NO_2 代表有毒尾气）。 演示 NO_2 与 NH_3 的反应。请写出相应的方程式，并用双线桥方法分析该反应。 展示：现有尾气中 NO_2 的处理方法。	思考、讨论、汇报： 含有 N 元素且无毒无害的物质为 N_2。 NO_2 中 N 为 +4 价，加入还原剂才能将尾气进行无害处理。还原剂可选择 CO、Fe、H_2 等。 观看、思考。 书写 NO_2 与 NH_3 反应的化学方程式，并运用双线桥方法分析该反应。 观看、思考。	结合实例巩固落实利用氧化还原反应解决实际问题的思考方法及氧化还原反应的研究方法。 培养学生运用已有思维方法综合分析、解决实际问题的意识与能力。
环节 4：小结	氧化还原反应的分析方法 氧化还原反应的意义（提供能量、物质转化） 布置课后思考： 应该如何去除汽车尾气中的其他有害物质？		

3. 板书设计

板书设计如图 2 所示。

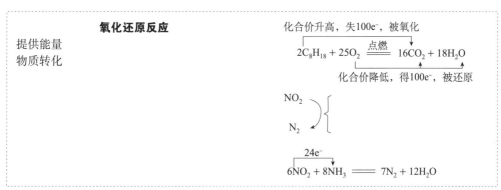

图 2　板书设计

三、教学反思

本节课围绕汽车"为什么能跑""怎么能跑得更快""尾气怎么办"等问题而展开。为帮助学生进行分析、思考，以表格的形式向学生提供了大量的辅助信息，需要学生自主建立初步的问题解决模型，并寻找信息完善模型，进而解决问题。但由于在此前的学习过程中，学生仅接受过从小篇幅、无"富余"信息的连续文本中提取信息并进行转述的训练，未接触过从基于真实情境的非连续文本、复合文本中提取信息并进行综合分析的任务，因此会出现畏难情绪，并遇到进入情境慢、无法提取关键信息、建立模型困难等问题。

为使学生摆脱思维上的束缚，以兴奋的状态进入相应的学习环节，本节课最初设计的引入环节中设置了一个分辨哪些装置是汽车的子环节，以及一个关于内燃机的简要介绍的子环节。但前测显示，学生对初中阶段所学的内燃机的工作原理及内燃机与汽车的关系等内容记忆较为准确。同时，目前设计的几个动图已经可以使学生达到较为兴奋的状态。综合考虑，将引入的环节精简为目前的设计，所节约的时间也可用于学生落实前两课时所学习的内容。

从本节课的实际效果来看，尽管学生以十分兴奋、开放的状态进入了任务二，但他们仍没有足够的信心去尝试完成任务二，进入情境较慢，经过反复鼓励才能完成任务。经过任务二的实践锻炼后，学生完成任务三与任务四的主动性、科学性均有明显提升。课后，经过调研及讨论，任务二完成不够顺畅的原因大致可分为内因、外因两个方面。内因为任务中涉及的问题较多，且每一个问题都具有一定的挑战性，学生即使解决了所有问题，仍不确信自己的答案是足够严谨的。外因是本节课正式进行时听课老师较多，占满了所有空位和通道，学生在此情况下不敢贸然提出没有把握的观点。相比之下，本节课在另一个各方面大致相当的班级试讲时，由于只有几位老师听课且均集中于教室后方，因此学生进行讨论时没有压力，完成得明显顺畅、自然。结合上述原因，今后在设计类似任务时，可考虑将任务再进行分解，以降低学生进入该任务的冲击感，增强学生的信心，促进学生参与讨论。

近年高考改革中，题目设置的角度、解决问题所需要的思维方法越来越贴近实际生产生活，提供信息的方式也在慢慢向非连续文本转化。这样的转变也提示我们在常规教学中应进行相应的转变，促进学生深入思考，促进学生对知识、能力、方法的掌握和运用，从而提升学生解决实际问题的能力。

课堂补充资料：

【资料一】

汽车发动机是现代工业的代表之一。它在狭小的空间内持续不断地产生强劲的动力，驱动汽车向前飞速行驶。汽车发动机的出现与改进极大地扩展了人类活动范围，提高了人类改造自然的能力。

表 2 是北京奔驰出产的 C 系列汽车所使用的 M271 型发动机的部分工作参数。

表 2   M271 型发动机的部分工作参数

	发动机型号	M271-A	M271-B	M271-C
基本参数	最大功率（kW）	115	150	105
	每缸每次吸入汽油质量（g）	0.132	0.157	0.115
	燃烧时间（ms）	＜12.0	＜10.9	＜11.5
做功冲程气缸相关参数	点燃前 压强（×10^5 Pa）	7.58	9.03	6.69
	点燃前 气缸温度（K）	298	298	298
	点燃前 气体总物质的量（mol）	0.062	0.079	0.053
	做功前理论压强（×10^5 Pa）	75.3	84.7	68.8
	点燃后 气缸温度（K）	～2 750	～2 600	～2 850
	点燃后 气体总物质的量（mol）	0.067	0.085	0.057

已知：在燃烧前、燃烧后的条件下，气缸内的气体均可视为理想气体。气体的物理参数遵循理想气体状态方程：$pV=nRT$（其中，T 为热力学温度，以 K 为单位）。

【资料二】

单位质量的不同物质发生氧化还原反应时所释放的能量不同。表 3 为单位质量及单位体积的不同混合物发生反应时释放出的相对能量。

表 3   单位质量/体积的不同混合物发生反应时释放出的相对能量

燃料及物态	助燃剂及物态	产物	单位质量混合物释放出能量的相对值	单位体积混合物释放出能量的相对值
汽油（液）	O_2（气）	CO_2、H_2O	1.00	1.00
	O_3（气）		1.22	1.83

续表

燃料及物态	助燃剂及物态	产物	单位质量混合物释放出能量的相对值	单位体积混合物释放出能量的相对值
H_2（气）	O_2（气）	H_2O	1.50	0.44
	O_3（气）		1.74	0.58
	Cl_2（气）	HCl	0.24	0.21
C（固）	O_2（气）	CO_2	0.84	0.90
	O_3（气）		1.05	1.68
	$KClO_3$（固）	KCl、CO_2	0.43	530.55
CH_4（气）	O_2（气）	CO_2、H_2O	1.05	0.66
	O_3（气）		1.27	1.02
CO（气）	O_2（气）	CO_2	0.61	0.41
	O_3（气）		0.71	0.53
N_2H_4（液）	N_2O_4（液）	N_2、H_2O	0.76	508.10
	Cl_2（气）	N_2、HCl	0.23	0.49

保险杠

周萌

一、教学内容

在汽车发展的百年历史中，意大利的 FIAT-126 型汽车首次以塑料代替金属作为保险杠的外壳材料。塑料是人教版高中化学选修 5《有机化学基础》第五章的内容，教材从塑料的合成方法、高分子的结构与性能的关系出发，使学生感受高分子材料不同于传统无机非金属材料、合金材料的独特性能。此部分内容多数是以阅读课本教材、自学等形式呈现的。

本节课在设计理念上打破传统，结合汽车主线，选择了保险杠作为深入挖掘的对象。课堂提供了丰富的图片、视频等素材，同时在现场提供了一片实物保险杠，模拟低速碰撞后保险杠对人的保护作用，引导学生挖掘素材，分析塑料作为保险杠材质的优势，将学生带入有机高分子材料的世界。那保险杠具体是怎么制作的呢？我在课堂上展示了一段"塑料挤出法"的视频：挤出机通过加热使高聚物软化，由于塑料的易塑性，通过快速挤出的方式可以得到任意形状的塑料产品。这其中的原料称为粒料，粒料的核心是基体，基体就是我们的高聚物。通过搭建高聚物的结构模型片段，引导学生运用化学键的知识分析单体，体会高聚物的结构与性质之间的关系、高聚物聚合链的结构特点、链间的无规则排列，引出晶区和非晶区的概念等，一气呵成。在结构的分析和学习中，我还渗透了化学家通过调控化学物质的组成和配比对于高聚物改性方面所做出的巨大突破，使学生体会化学的魅力，并通过对"刚柔并济的高分子材料"这一主题的学习在化学学科中体现辩证统一的哲学思想。

1. 课程标准要求

本节课主要体现了《普通高中化学课程标准（2017 年版 2020 年修订）》（以下简称"课标"）中"宏观辨识与微观探析"这一学科素养的培养，将具体的课程目标定位于能从物质的微观层面理解其组成、结构和性质的联系，形成"结构决定性质，性质决定用途"的观念；能根据物质的微观结构预测物质在特定条件下可能具有的性质和可能发生的变化，并能解释其原因。

知识载体结合选修5《有机化学基础》第五章"进入合成有机高分子化合物的时代"，要求学生了解聚合物的组成及结构特点，认识单体和单体单元（链节）及其与聚合物结构的关系，了解加聚反应的特点，认识塑料的组成和结构特点，并通过高分子链的结构联系烷烃的性质解释高聚物的部分典型物理性质与化学性质。

2. 考试说明要求

（1）化学学习能力的要求：接受、吸收、整合化学信息的能力；分析和解决化学问题的能力。

（2）知识内容层次的要求：了解常见高分子材料的合成反应及重要应用；了解高分子的组成与结构特点，能依据简单合成高分子的结构分析其链节和单体；了解加聚反应的特点；了解合成高分子化合物在发展经济、提高生活质量方面的贡献。

3. 教学内容的教学价值分析

在汽车发展历史中，材料作为核心内容，其改进是使汽车变得更快、更舒适、更安全的重要因素。从这一真实情境出发，将学科知识融入其中，让学生感受到化学学习的价值在于解决生活中的真实问题。只有懂化学，才能更懂生活。

在对保险杠材料的研究过程中，学生经历了从用途需求到寻找物质，再分析结构，设计合成思路，改变材料的结构、组成和配比，对其进行优化和改性的研究思路。本节课的最后给予学生"新科学"的研究思路：在大量知识储备已经建立的今天，"结构—性质—用途"三者的关系日渐清晰，化学家们开始从结构出发，设计具有特殊结构的高分子。知识的作用在于指导人们设计新物质。"新科学"让学生感受到高中阶段的知识学习不在于背，而在于让明天的他们站在巨人的肩膀上可以看得更远、飞得更高。

4. 学情分析

（1）学生学习时具备的知识、经验、技能基础：了解了烷烃、烯烃、炔烃和苯的同系物的组成和结构，及其化学键的典型性质与差异；了解了脂肪烃、芳香烃的来源及应用；了解了加成反应、取代反应、加聚反应，并能用化学用语表示；能够建立"结构决定性质，性质决定用途"的思维逻辑关系。

（2）学生在学习过程中可能会遇到的困难：运用结构分析和理解高聚物的典型物理性质，如用晶区和非晶区的概念感受高聚物由于高分子链间的排列产生的性质差异。

5. 教学环节与任务线、素材线

教学环节与任务线、素材线如表 1 所示。

表 1　　　　　　　　　教学环节与任务线、素材线

环节	任务线	素材线
环节 1：引入	认识保险杠	【图片】撞车事故照片 【文字】保险杠 【实物】保险杠 【图片】保险杠的发展史 【文字】塑料的概念 【视频】塑料保险杠的制作工艺（挤出法）
环节 2：任务 1	为什么可以用塑料作为保险杠的外壳材料？	【网页】太平洋汽车网"汽车保险杠为什么是塑料的？"
环节 3：任务 2	揭秘保险杠外壳的专用粒料 ➤认识基体 ➤寻找增韧剂 ➤揭秘粒料	【实物】基体粒料 【图片】基体的 3D 模型，高聚链片段 【文字】高聚物 A 的部分物理性质资料 【实物】用毛线模拟高聚物链及链间的排列方式 【教材】为什么高分子化合物都具有一定的弹性 【教材】刚柔并济的高分子材料 【文献】高抗冲聚丙烯结构与性能分析的最新进展
环节 4：小结	建立结构性质与用途的关系，指出新科学的研究方向	【图片】结构性质与用途的关系

二、教学设计

1. 教学目标

知识与技能：

使学生知道物质结构（化学键），物质性质（聚丙烯的物理性质与化学性质），新材料、设备和流程。

过程与方法：

体会科学价值：使学生体会材料的发展推动汽车的进步，体会科学知识以及其他形式的知识对于识别、解决科学与技术问题的作用。

情感、态度与价值观：

使学生对科学以及有关科学的问题和事业具有好奇心，愿意使用各种资源和方法获得更多的科学知识和技能；对科学有持续的兴趣，包括将来从事与科学有关的职业。

2. 教学过程

教学过程如表 2 所示。

表 2 教学过程

环节	教师活动	学生活动	设计意图
环节 1：引入	【图片】撞车事故照片。	观看图片，阅读资料，发现并认识"保险杠"。	通过前保险杠整体脱落的例子，引发学生关注保险杠的性能和材料。
	【图片】保险杠的发展史。 【实物】保险杠。 【文字】塑料。 【视频】布拉本德挤出机。 介绍高速挤压法制作塑料的粒料，并通过粒料挤压、塑性得到产品。	体会保险杠在汽车发展过程中伴随速度提升、材料发展经历的从无到有的材质变化。触摸实物，感受塑料材质的轻与弹性。 感受塑料的可塑性，体会加工温度对材料强度和性质的影响。	通过素材使学生感受到科学的价值——材料的发展推动汽车的进步。
环节 2：汽车保险杠的材料	【提问】为什么可以用塑料代替金属作为保险杠的外壳材料？ 【网络】专业汽车网站对保险杠塑料材质的解读。	通过引入环节的丰富资料和实物，总结塑料材质的优良用途。 结合专业人士给出的建议，辨析科学假设是否正确。	培养学生整合知识，识别并解决科学问题的能力。
环节 3：深化问题，揭秘保险杠材料的结构与性质的关系	【讲解】制作保险杠需要制造塑料的粒料，粒料配方决定材料性质。 揭秘保险杠外壳的专用粒料 1. 认识"基体"（高聚物 A） ➤揭秘基体的成分 ➤根据结构，结合实际用途推测高聚物 A 可能具有的性质。 引导学生从化学键的角度出发，分析、推测物质性质。 【素材】关于高聚物 A 的其他性质的材料。 【教材】为什么高分子化合物都具有一定的弹性？ 【实物】用毛线模拟高聚物链间的排列方式，引出晶区和非晶区的概念。 【教材】刚柔并济的高分子材料。	结合实物模型、三维模型图片、高聚链模型片段图片，运用球棍模型拼插高聚物 A 的模型片段，从不同角度认识高聚物 A，分析高聚物 A 的成分和合成方法。 识别高聚物 A 的化学键，联系烷烃的知识，结合实际情况推测高聚物 A 的化学性质。 通过高聚物 A 的实物材料、实验，感知其部分物理性质。 联系保险杠的用途补充高聚物 A 的其他性质。建立性质与用途间的关联。 阅读资料，从高分子链的空间结构角度理解其弹性。 通过实物模型更加形象地理解高分子材料的结构与性质的关系，建立结构与性质的关联。 阅读资料，认识高聚物的晶区和非晶区。	落实知识目标：依据简单合成高分子的结构分析其链节和单体，书写加聚反应的方程式。 培养学生运用已有知识分析、解决新问题的能力，体会化学键在有机化合物性质中的重要作用。 通过用毛线模拟高分子链，用多根毛线的杂乱排列模拟高分子链间的结构，将复杂问题形象化，便于学生理解。

续表

环节	教师活动	学生活动	设计意图
环节3：深化问题，揭秘保险杠材料的结构与性质的关系	【过渡】基体（聚丙烯）结晶区较多，材料刚性较强而柔韧性不足。聚乙烯非晶区较多，材料较为柔软。 【提问】结合上述材料，怎样可以得到刚性和柔性都符合要求的高分子材料？ 寻找"增韧剂"。 【提问】结合聚丙烯和聚乙烯的结构特点，怎样能够得到符合需求的保险杠外壳材料？ 【文献】高抗冲聚丙烯结构与性能分析的最新进展。 【揭秘】保险杠的专用粒料。	讨论，汇报： 物理混合：两种粒料混合挤出。 化学混合：单体共聚制得粒料。 在思考中体会物理方法和化学方法在材料改性研究中的不同作用。 阅读文献，寻找解决方案： 书写共聚反应的方程式，在此过程中体会多种材料共聚时高分子链的复杂性。感受真实材料的成分，明白核心材料、加工助剂共同影响材料性能。	结合视频资料，联系工业实际，培养学生通过利用各种资源和方法获得更多的科学知识和技能来解决问题的能力。通过揭秘，激发学生继续研究的兴趣。渗透多种因素共同影响下的辩证与统一。
环节4：小结	引导学生关联、归纳本节课的核心要素：结构、性质、用途间的关系。 小结"旧科学"的研究思路，指明"新科学"的研究方向。	归纳整理关于汽车保险杠外壳材料的结构、性质、用途间的关系，明白它们互为依托。 通过新科学的研究思路，理解今天学习的知识对今后的作用。	使学生对科学有持续的兴趣，引导学生将来从事与科学有关的职业。

3. 板书设计

板书设计如表 3 所示。

表 3　　　　　　　　汽车中的化学（二）——保险杠

粒料	物质结构	性质	用途
基体（PP）	$nCH_2=\overset{\displaystyle }{\underset{\displaystyle CH_3}{CH}} \xrightarrow{\text{催化剂}} {\left[CH_2-\overset{\displaystyle }{\underset{\displaystyle CH_3}{CH}} \right]}_n$	化学性质：常温稳定，可燃，裂化、老化 物理性质：白色固体，密度小，热塑性，刚性和柔性	轻，省油

续表

粒料	物质结构	性质	用途
增韧剂（EPR）	$nCH_2\!=\!CH_2 + nCH_2\!=\!CH\!-\!CH_3 \xrightarrow{\text{催化剂}}$ $\text{—}[CH_2\!-\!CH_2\!-\!CH_2\!-\!CH(CH_3)]_n\text{—}$	柔韧性好	可塑性强，价廉，有弹性，化学性质稳定，维护成本低
其他	略	刚性填料，增塑剂，色母料	

三、教学反思

1. 从实际情况出发，发掘真实情境中的化学材料问题

经过这次深入学习研究，笔者深刻地体会到：在一个真实、生动的生活情境与学科知识间找到一个恰当的契合点并进行深入发掘是多么复杂和困难。最初拿到课题"汽车中的化学"，搜集了很多资料，想从材料入手，却又不知如何下手。汽车中的有机材料很多，像汽车内饰、汽车地毯、气囊材料等，但在发掘素材时感觉这些材料的合成都涉及了缩聚反应，不适合这个阶段的学情。之所以选择保险杠，最初是因为它的材料是加聚反应的产物——聚丙烯，但如何发掘，从合成和化学性质的角度入手总感觉素材发掘不够深入，而且高聚物的化学性质通常都比较稳定，保险杠材料在汽车中主要体现的是其物理方面的性能：通过弹性形变减轻对人的作用力与伤害。

2. 将复杂问题模型化、形象化

决定发掘高聚物的物理性质后，笔者发现自己对这部分知识简直是一无所知：为什么高分子材料具有一定的弹性？如何从结构的角度去解释？笔者先后阅读了《高分子物理》与《高分子化学》等相关书籍，书上解释的非常复杂，看起来都很吃力。怎么能让复杂的问题简单化，让学生体会到，对于高分子材料，不但结构决定着其化学性质，高分子链的结构、高分子链间的排列方式也同样影响着它的物理性质。我又请教了我校高分子、有机化学专业的老师们，他们用相对简单的描述讲明白了这些问题，其中用到了很多比喻性的名词，比如将高分子链比喻成"毛线"，高分子化合物就是无规则排列的"杂乱毛线"，部分区域可能存在规则排列，就像是毛线在这个区域系了一个疙瘩，这就是晶区，其刚性很强；大部分区域都是无规则排列的，就像蓬松的毛线团，这部分柔韧性好。

这些比喻听起来很容易接受，可将复杂、抽象的问题简单化、形象化，让那些摸不着、看不见的高分子链清晰地呈现在眼前！

在"毛线"的基础上，笔者又在分析聚丙烯和聚乙烯两种高聚物的结晶区别时，用"梳子"来比拟带支链的高聚物更容易出现规整排列的区域：晶区更多，刚性更强。在讲解高聚物材料的特性时，用"刚柔并济的高分子材料"来形容它；高聚物材料由于排列方式的区别体现出两种性能，排列方式的人为可控性使这种材料要刚得刚、要柔则柔。

3. 问题设计合理化，资料给予充分化

在第一版的设计中，我的问题设置较小、较多，一步步给出文字资料、视频资料，学生在我的引导下逐步推进，虽然课堂在我的掌控下，但是感觉学生讨论不够充分、思维不够活跃。在何彩霞、白建娥、王岩三位老师的建议下，我将问题线索进行了调整，将素材进行了整合。在抛出"为什么可以用塑料代替金属作为保险杠外壳的材料？"问题前，我先后给出了如下素材：【图片资料】撞车事故照片、【文字资料】保险杠、【实物】保险杠、【图片资料】保险杠的发展史、【文字资料】塑料的概念、【视频资料】塑料保险杠的制作工艺（挤出法）。在丰富的素材推进下，学生很快进入情境，讨论得更加深入，颇有"脑洞大开"的感觉。虽然只是调整了顺序，但是感觉整节课上起来更顺畅。在合适的时候给予学生合适的知识，才是开启他们智慧的关键！

橡胶在汽车中的应用

冯三羊

一、教学内容

本节课所授内容选自人教版高中化学选修 5 第五章第一节"合成高分子化合物的基本方法"和第二节"广泛应用的高分子材料"。《普通高中化学课程标准（2017年版 2020 年修订）》要求：（1）能说明塑料、合成橡胶、合成纤维的组成结构特点；（2）能列举重要的合成高分子化合物；（3）能说明它们在材料领域的应用，能参与材料选择与使用等问题的探讨，并做出有根据的判断、评价和决策。

在课上，我们以乙烯和 1，3‑丁二烯为原料，组织学生展开分析讨论，理解简单烯烃的加成；促进学生对于小分子物质聚合成高分子化合物机制的深入理解，建立对烯烃类物质加成聚合反应的基本分析思路，增进学生对加聚反应的本质认识。

在素材选择上，我们选择了与材料科学紧密相关的汽车作为载体，并聚焦其中最重要的部分之一——橡胶轮胎。纵观橡胶轮胎的发展历史，实际上它就是一个"发现素材—分析结构—人工合成—性能改进"的过程。本课程的选择紧密结合橡胶的发展历史，通过对天然橡胶的结构分析、人工橡胶的合成以及人工橡胶的改性等过程，加深对有机物结构的认识与理解，提高对小分子烯烃类物质聚合的分析能力，同时培养对复杂天然化合物分析并进行逆向人工合成的能力。

二、教学设计

1. 教学目标

（1）通过分析天然有机化合物的图谱，提升学生对质谱、红外光谱、核磁共振等图谱的分析能力，使其了解分析有机化合物的现代方法。

（2）通过使学生体验从小分子有机物到高分子化合物的合成过程，使学生认识聚合反应的微观本质，体会相对复杂的 1，4‑加聚和非线性聚合，增进对高分子化合物的交联、线型结构和体型网状结构概念的理解，强化微观结构和宏观性质的联系。

（3）通过对高分子材料改性的研究，使学生形成通过分析微观结构解释化学性质的思路，理解结构、性质和应用之间的关系，认识功能导向的高分子材料的合成价值。

（4）使学生体验化学对于人类科学地改造世界的重要意义，养成严谨的科学态度，提升实验论证的能力。

2. 教学过程

教学过程如表 1 所示。

表 1　　　　　　　　　　　　教学过程

环节	教师活动	学生活动	设计意图
环节 1：引入	随着汽车工业的发展、橡胶需求的增大，天然橡胶已无法满足需求。为满足需求，我们该怎么做？	思考可通过什么方法来满足人类对于橡胶日益增长的需求。	了解化学作为一门基础学科的重要意义。
环节 2：处理并分析天然橡胶的结构	天然橡胶纯化后经热裂得到一种烃，经元素分析得到其实验式为 C_5H_8。 给出红外、质谱、核磁三张谱图等。 结合给定材料，分析热裂解之后的产物结构。	根据给定材料，结合三张谱图进行分析，分别分析得到的该小分子物质的各部分结构特点。 将通过三张谱图推测出的结构进行组合分析，得到该有机物的具体结构并进行验证。 掌握多张谱图结合分析有机物的方法。	综合三张谱图实例进行分析推断，提高学生的识图能力。
环节 3：人工橡胶的设计合成	人工橡胶的设计合成从基本的化工原料——乙烯开始。 给出由乙烯合成异戊二烯、异戊二烯加成聚合的合成路线资料。 结合资料，分析并选择最佳合成路线。 根据所选合成路线，写出合成步骤涉及的所有物质。 思考中间产物有没有什么问题。	结合所学知识和材料，分析两种合成方法哪种更佳，说明理由。 从基本原料乙烯开始，将合成中所有涉及的物质逐一写出。 分析中间产物，发现在二烯类物质加成聚合时，存在着顺反异构的现象。	（1）了解单体聚合成高分子化合物的基本过程。 （2）深入了解合成过程中的同分异构现象，提高分析能力、设计能力，引导学生养成缜密严谨的思维方式。
环节 4：人工橡胶的改性	合成后的橡胶存在着熔点低、易老化、强度不够等问题。 给定相关资料，展示： 造成易老化的原因。 造成强度不够的原因。 造成熔点低的原因。 查看资料，解答造成问题的原因是什么。如何解决？	熔点低是因为线型结构导致高分子链间容易滑动。 易老化是因为聚合后还有碳碳双键，化学性质活泼。 利用双键可以打开加成的性质，将其进行交联可一举解决所有问题。	（1）引入高分子化合物的二级结构，进一步了解高分子化合物的结构特点。 （2）加强对微观结构和宏观性质之间关系的理解。

3. 板书设计

板书设计如图 1 所示。

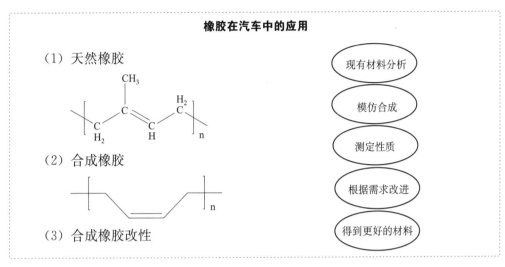

图 1　板书设计

三、教学反思

本课程将选修 5 合成高分子化合物的知识与实际生活需求相结合，以汽车作为载体，聚焦橡胶轮胎。面对人们对于高分子化合物日益增加的需求和性能要求，本课程结合高中化学知识，将小分子聚合、高分子改性、微观结构变化和宏观性质改良有机结合在一起，将课堂知识用于生产生活，成为一个学以致用的例子。

本课程虽然选自选修 5，但是简单的高分子化合物，尤其是塑料制品，其实在必修教材里已经讲过。因此，本课程属于巩固加强。但是，以下几个与必修内容不同的地方应该引起注意。第一，合成高分子化合物时，原料由简单的单烯烃类物质变成了二烯烃类物质，导致在加聚过程中出现中间体同分异构的问题，因此合成路线变得复杂，解决问题的难度加大。第二，本课程采用了结合图谱进行分析的做法。利用好图谱对于有机物结构的辨析有着非常重要的影响。在引导分析的过程中，图谱的选取和设计拿捏要适度，不能过于复杂，以免超出学生的能力范围。第三，本课程最后引入了高分子化合物的二级结构，从线性结构到立体结构，进一步拓展了学生对高分子化合物空间结构复杂性的认识。但是，在从二维转换到三维微观结构的过程中，应该注重模型推理，建立一个简单易懂的模型——这对于学生理解高分子化合物的微观本质有着非常大的帮助。

本课程主要涉及由乙烯合成异戊二烯、异戊二烯加聚、合成橡胶改性，基本将高中阶段加成反应所需知识进行了整合。除此之外，我们对于有机材料的探究意愿不止于此。我们希望课程可以更贴近生活，因此，在课下我们还增加了一些内容，包括对于汽车中其他橡胶材料的了解、性能需求以及结构分析，原材料分析，合成路线分析，等等。我们希望通过对汽车全面地探究，加深学生对于高分子化合物的理解，加强学生对于合成方法的掌握，同时使学生对结构和性质之间的关系形成更深刻的体会。

尾气净化技术

贺新

一、教学内容

在高三一轮复习时利用汽车尾气净化技术，将高中选修的化学与社会、化学与技术主题相结合，让学生比较深刻地认识和感受化学反应原理在技术创新中的价值。"汽车中的尾气净化技术"离学生既近又远，"汽车尾气"近，而"技术"远。如何将远的"技术"拉近学生？高三学生在化学学科方面的关键能力在高中阶段趋近高峰。从技术的视角看，汽车尾气净化技术和选修的化学与社会、化学与技术属于综合性的主题，既与化学学科相关，又与社会及生活实际相联系，很有价值。选择汽车尾气净化技术这样包含反应原理和化学技术的综合性主题，既有利于提升学生解决实际问题的能力，又符合高考对学生接受、吸收、整合化学信息，分析和解决化学问题能力的测试要求。

二、教学设计

1. 教学目标

（1）明确汽车尾气的产生和净化过程中涉及的化学反应，深刻体会物质变化是有条件的，技术的每一次改进与创新都基于化学反应原理。

（2）能够运用已有的原理与技术方面的知识和能力，对汽车尾气处理的相关技术做出合理的分析和评价，在此基础上感受和认识化学反应原理在技术创新过程中的意义和价值。

（3）能够从提供的文献中提取有用的化学信息，运用相关的知识分析、综合、比较和解决实际化学问题。

（4）关注与化学有关的科学技术、社会经济和生态环境的协调发展，增强社会责任感。

2. 教学过程

教学过程如表 1 所示。

表 1　　　　　　　　　　　　　　　教学过程

环节	教师活动	学生活动	设计意图
环节 1： 引入—— 提出问题	展示图片：汽车的快速发展在为人们带来极大便利的同时也带来了环境污染问题。 问题一：汽车尾气的成分及产生的原因。	看、听、思考并回答： 燃料的不完全燃烧产生 HC/CO，以及 C 等固体颗粒；同时，在电火花的作用下，空气中的 N_2 和 O_2 的反应产生 NO_x。	从学生熟悉的汽车出发，让学生切实感受到化学在给人们带来便利的同时也带来了环境污染问题。
环节 2： 解决问题	根据尾气产生的成因提出问题。 问题二：减少汽车尾气可以采取哪些途径？ 追问：尾气在发动机产生，能否从发动机入手减少尾气的生成？ 追问：稀薄燃烧技术是一项能够减少汽车尾气的新技术，其优势有哪些？	根据学生已有的知识和经验思考并回答： 可选用新能源汽车、清洁燃料汽车。 简单描述废气再循环技术的原理及优缺点。 阅读、分析，回答： 燃烧效率高，经济性好，可减少汽车尾气。	学生运用已有的原理和技术方面的知识和能力，对汽车尾气处理的相关技术做出合理的分析和评价，在此基础上感受和认识化学反应原理在技术创新过程中的意义和价值。
环节 3： 深化问题	根据对已有方法优缺点的分析提出问题。 问题三：尾气有没有更彻底的去除方法？ 追问：SCR 技术有哪些优势与不足？ 追问：能否同时去除 CO、HC、NO_x？	阅读、思考并回答： SCR 技术可有效去除稀燃尾气中的 NO_x。 优势同上，但占用空间大、设备维护成本高，不适合小型汽油车使用。 阅读、思考并回答： NSR 技术能兼具稀燃发动机高能效和 SCR 技术低排放的优点。	让学生深刻意识到物质变化是有条件的，能够从提供的文献中提取有用的化学信息，运用相关的知识分析、综合、比较和解决实际化学问题。
环节 4： 小结	从源、流两个角度总结汽车尾气净化的方法。 问题四：使用新能源汽车是否绝对环保，不带来任何环境污染问题？	总结、记忆； 思考、讨论： 新能源汽车制造、回收过程中的污染问题不能忽视。	引导学生持续关注与化学有关的科学技术及与生态环境协调发展的问题，增强学生的责任意识。

三、教学反思

本节课通过设置四个螺旋上升的问题，即"汽车尾气的成分及产生的原因→减少汽车尾气可以采取哪些途径→尾气有没有更彻底的去除方法→能否同时去除 CO、HC、NO_x",以及展示汽车尾气处理工作原理示意图,将尾气处理原理直观化,并利用文献帮助学生理解原理在技术中的应用等教学方法和策略,将"远"的技术直接"拉近"学生,让学生能深刻地感受和认识化学原理在汽车尾气处理的相关技术和创新过程中的意义和价值,实现了预期的教学目标,取得了很好的教学效果。

本节课运用"尾气净化技术"这个化学与技术相结合的主题,在高三复习备考过程中以中学化学学科概念和原理为基础并加以整合,把学生置于真实的生产生活情境中,让学生围绕复杂、真实的问题进行信息收集、分析、讨论和研究。让学生在感受、体验、建构知识的学习活动中,不仅将知识学以致用,而且最终形成解决问题的认识角度和方法,不断提升解决实际问题的能力和化学核心素养。

高考复习的最终目标与核心任务是:通过化学学科特有的思想、方法、观念,利用重要的知识点设置不同层次的问题,优化学生的知识结构,促进学生对知识本质的理解;通过问题的不断深化,训练学生的思维,形成解决问题的思路,培养学生的综合能力,最终发展学生的认知,全面提升学生的化学核心素养。

基础教育课程改革的核心理念是"以学生的发展为本"。在高三复习过程中,把学生置于真实有意义的学习环境中,注重培养学生分析问题和解决问题的能力。教师不仅要关注学生的学习行为,更要关注学生在课堂学习中呈现的在认知、思维、情感等方面的发展,不断提升学生的科学素养。

汽车尾气处理

孔瑛

一、教学内容

本节课为高三一轮总复习中关于非金属元素化合物的综合课。本课的教学内容是元素化合物中非金属部分的综合内容，突出单质、碳氢化合物、碳氧化物、硫氧化物、氮氧化物以及水化物之间的关系，基于具体的物质性质及转化关系，从氧化还原视角、离子反应视角、热效应视角、速率视角、程度视角反观化学反应的本质和过程；从化学反应原理角度，利用技术手段，调控化学反应。选择的内容既有观察学生在知识与技能、过程与方法、情感态度与价值观等方面的发展，以进一步提高学生未来发展所需的科学素养，又有利用有关物质变化的知识，加深和发展学生对化学变化的本质认识，使学生能主动根据化学反应的规律控制和利用化学反应，不断提高人类的生活质量，推动社会的发展。

2018 年版普通高考考试（化学）说明对元素化合物部分的要求有：根据研究物质的思路和方法，掌握常见非金属单质及其重要化合物的主要性质和应用；了解常见非金属单质及其重要化合物对环境质量的影响；认识化学在环境监测与保护中的重要作用。结合具体实例，理解外界条件对化学反应速率的影响；认识化学反应速率和化学平衡的调控在生活、生产和科学研究领域中的重要作用；通过催化剂应用的实例，了解催化剂在生活、生产和科学研究领域中的重大作用。

利用复杂问题情境，使学生通过对材料的分析解读做出合理的判断。从复杂体系中提取出物质，对反应物质、产物进行分类，分析物质之间转化的原因，使学生形成从反应物、生成物以及反应过程看待化学反应的三个视角；形成从不同分类角度看待具体情境中的化学问题的能力；形成根据实际任务，主动从能量、快慢、程度角度调控化学反应，使之向为人所用的利好方向发展的意识。从问题的设置开始，即来源于大量材料的评价与分析，进而形成研究问题过程中材料的证据信度和效度的认识。

教学对象为高三一轮复习的学生，这些学生高一、高二的学习基础整体较好，对基础化学反应比较熟悉，能够应用物质转化的多个视角分析一般问题，能够利用化学反应原理分析体系中需要调控的条件，并能够进行简单解释，形成合理自洽关系，但对于隐蔽信息、远端信息的处理不到位，不能形成合理的信息链，进而影响对信息的判断；对于复杂综合体系，不能从本质上观察物质并对其进行分类，容易受陌生情境的干扰；在从图像数据角度分析的全面性、完整性的有序思考方面，因主动思考意识不强，思维的固化结果不太好，见到新问题时没有头绪、无从下手。

二、教学设计

使学生能够将真实情境中的复杂问题转化为化学问题，从而培养以宏观辨识与微观探析、变化观念与平衡思想、创新意识为主的学科核心素养。

使学生能够形成分析化学问题的一般思路和方法，从而培养以宏观辨识与微观探析、创新意识为主的学科核心素养。

使学生能够应用解决问题的一般思路解决实际化学问题，从而培养以科学精神与社会责任为主的学科核心素养。

1. 教学目标

知识与技能：

使学生根据素材，建立现象与化学反应之间的关系，并能形成和证明恰当的预测；能够转化数据的表达方式，分析、阐述数据和曲线变化趋势，得出合理的结论；评价来自不同资源（如报纸、互联网、期刊）的科学结论和证据。

过程与方法：

使学生在给定的科学研究中识别可进行探究的问题，形成具有完整探究环节的合理探究方案；在研究过程中形成多层次、多角度的素材评价方法；重视将批判的评价方式作为验证猜想的正确方法；体会通过分析复杂的信息或数据，整合和评估，判断理由的不同来源，激起制定一个计划或多步骤来解决问题的高级需求。

情感、态度与价值观：

培养学生对科学以及有关科学问题和事业的好奇心，使其愿意使用各种资源和方法，获得更多的科学知识和技能；使其关心环境与可持续发展，具有促进环境可持续发展的行为倾向；使其能够从个人角度注重环境质量，采取友好的环境（环保）

行为，能正确使用和处置设备与材料，践行社会责任。

2. 教学重、难点及处理策略

教学重点及突破策略：

用具体材料进行梳理，放大思路，发现问题后加以修正；完成复杂体系中简单物质的相互转化；利用材料分析、解读与解析，完成复杂体系中多因素条件下对反应的调控。

教学难点及突破策略：

通过讨论形成分析思路，实现对复杂体系中潜在因素的挖掘。

3. 教学过程

教学过程如表1、图1所示。

表1   教学过程

环节	教师活动	学生活动	设计意图
环节1：引入——对具体物质之间的转化的认识	展示：不合格尾气报告单。 问题1：尾气检测不合格的原因是什么？ 转述检测场师傅的话；提供（百度）相关素材。	情境1：分析阅读材料，结合已有知识，对尾气不合格的原因做出合理解释。	创设情境，激发兴趣，形成贯穿性任务。 多角度给出材料的分析判断依据。
	问题2：检测场师傅的办法灵吗？ 物质转化角度；物质定量反应角度；物质反应快慢角度。	情境2：三元催化技术的应用分析。 反思整理——思维方法的固化。	复杂问题情境中的分析：梳理，形成分析角度，不断应用以进一步固化；诊断、修正以形成分析思路，不断应用以进一步固化。
环节2：认识化学反应原理，化学反应的选择分析	需要的都加装了，为何尾气依然不合格？ 问题3：如何调控使用条件以提高催化器的转化效率？	情境3：分析材料，给出三元催化器配方选择的建议。	解决问题不是一蹴而就的。 转换角度，从化学反应原理转化到技术手段的再解决中。
环节3：总结梳理，给出验车前的建议	梳理材料来源：百度、口口相传、文献、官方。 小结：复杂体系中化学反应的分析。	体会、评价，给出建议。 任务：高考真题试做。	多角度来源材料的科学评价以及使用。 全面梳理，指导形成复杂体系中化学反应的分析视角和分析思路。

环节1 从物质层面认识化学问题	·情境1：从一张汽车尾气报告单中，你看到了什么？ ·问题1：检测场师傅的方法灵吗？
环节2 从化学反应层面分析问题	·情境2：三元催化技术的应用分析 ·问题2：有毒有害物质是如何转化成无毒无害物质的？ ·情境3：三元催化器配方选择的建议 ·问题3：催化剂为何不能将有毒有害物质完全转化为无毒无害物质？
环节3 应用问题解决的思路和方法	·任务：高考真题试做（思路方法的应用） ·整理和反思（思路方法的固化）

图 1　教学过程

4. 板书设计

板书设计如图 2 所示。

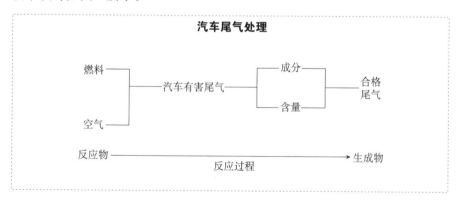

图 2　板书设计

三、教学反思

1. 真实问题的选择

● 课题来源于生产、生活实际及科学研究领域；
● 具有科学性、真实性、有效性及逻辑性。

2. 重走问题解决之路

● 学生在真实复杂问题面前是"白丁"；
● 课程设计要符合"白丁"对问题解决的思维发展过程。

3. 学生学习障碍点的突破

● 课程的设计以"真实情境下问题的解决"为载体，指导学生解决问题；
● 适当的追问、材料的补充、讨论与小结均为学生突破学习障碍提供服务。

4. 课堂的掌控

● 着力使学生的思维过程展开并外显，以便学生发现问题和解决问题；
● 提供清晰的指导，使学生形成解决问题的一般思路。

汽车中有机合成材料的选择

晁小雨

一、教学内容

本课内容选自九年级下册第十二单元"化学与生活"的第三节"有机合成材料"。第十二单元是九年级化学教材的最后一个单元，也是全书最贴近生活的一个单元，关系着每个人的衣、食、住、行。从知识内容上看，它不是初中化学的核心内容，属于知识的扩展与应用的范畴。但是，这些知识因为与学生的社会生活联系较为紧密，易引起学生的学习兴趣，学生也可以通过学习本课深刻理解化学、技术、社会和环境之间的相互关系，了解化学对社会发展做出的重大贡献。

本节课以汽车为载体，分析汽车中使用有机材料的各种部件的功能，学生反推有机材料用途背后的性质，是一节新物质用途承载的性质分析课。

二、教学设计

1. 教学目标

知识与技能：

使学生了解有机化合物、高分子化合物，以及它们在生产生活中的应用；了解有机合成材料在生产生活中的应用，认识到化学在有机合成材料的发展中起着重要的作用。

过程与方法：

使学生能通过观察一定条件下物质的形态及变化的宏观现象，初步掌握物质及其变化的分类方法，并能运用符号表征物质及其变化；能从物质的微观层面理解其组成、结构和性质的联系，形成"结构决定性质，性质决定应用"的观念；能根据物质的微观结构预测物质在特定条件下可能具有的性质和可能发生的变化。

情感、态度与价值观：

使学生深刻理解化学、技术、社会和环境之间的相互关系，赞赏化学对社会发展的重大贡献，能运用已有知识和方法综合分析化学过程可能给自然带来的各种影响。

2. 教学过程

教学过程如表 1 所示。

表 1 　　　　　　　　　　　　　教学过程

环节	教师活动	学生活动	设计意图
环节 1： 引入	【提出问题】汽车中的材料有哪些?	讨论并填写表格，列举出汽车中的材料及用途并进行分类，得出汽车中的材料主要分为金属材料、无机非金属材料、有机高分子材料、复合材料四类。	以汽车作为学习材料，用真实情境引发学生思考：汽车包含了各种不同的材料，而汽车的不同部件需要选用不同的材料。
环节 2： 汽车部件材料的功能分析	【提出问题】汽车的不同部件使用不同材料的原因? 1. 轮胎材料的选择 【播放视频】汽车发展史。 介绍合成橡胶的结构变化、性质及优点。 2. 大灯灯罩材料的选择 介绍热固性塑料和热塑性塑料的结构和性质。 3. 安全带材料的选择 介绍尼龙和涤纶。	看视频，了解轮胎选材经历的变化，讨论对比木头和橡胶在性质上的相似点和不同点，以及各自的优缺点。 理解对高分子有机化合物来说物质的结构如何决定高分子化合物的性质。 了解合成材料相对天然材料进行的性能优化。 讨论汽车灯罩需要具有的性质。对比玻璃和塑料的性质，辨认出无机材料和有机合成材料的基本性质差别。 知道热固性塑料和热塑性塑料的性质差别是由结构决定的。 阅读文字材料，讨论并总结棉、麻、羊毛、蚕丝等天然纤维的优缺点，预测人工合成的纤维材料应具备的性质优点。 了解尼龙和涤纶的性质差异，根据二者的性质分析哪种更适合用来制作安全带。	能从物质的微观层面理解其组成、结构和性质的联系，形成"结构决定性质，性质决定应用"的观念；能根据物质的微观结构预测物质在特定条件下可能具有的性质和可能发生的变化。
环节 3： 思考迁移	【提出问题】什么材料适合制作安全气囊?	讨论，根据安全气囊的用途、储存条件等讨论安全气囊的材料应该具备的性质，逐一分析天然和合成材料中何种材料最适合制作安全气囊，得出有机合成材料的优势。	能尊重事实和证据，不迷信权威，具有独立思考、敢于质疑和批判的创新精神。深刻理解化学、技术、社会和环境之间的相互关系，赞赏化学对社会发展做出的重大贡献。

续表

环节	教师活动	学生活动	设计意图
环节 4：课后 STS 讨论作业	【提出问题】非天然材料对自然的影响？如何减轻其对自然的影响？	课后继续以小组形式分析本课学习的三种人工合成材料的性质差异，可以查阅资料分析其人工降解的难度。讨论如何减轻人工合成材料对环境的影响。	能运用所学的知识分析化学过程可能给自然带来的各种影响。认识环境保护和资源合理开发的重要性，形成可持续发展意识和绿色化学观念。

三、教学反思

设计这节课的初衷是将知识水平较浅、对逻辑能力要求不高的内容，以更加贴近生活、充满应用价值和趣味性的形式向学生展现。之所以选择汽车作为研究和讨论对象，一是因为这贴近学生的生活，学生对物质素材相对熟悉；二是因为学生有亲身体验，容易产生代入感，在分析不同物质的用途时可以较容易地说出它们所具有的性质。同时，学生在学习的过程中了解到化学的进步为人类的舒适和安全做出的贡献，以及化学学科的现在和未来更加着眼于如何满足人类需求，设计和合成出人们需要的材料。

因此，选择汽车作为材料增强了学生的代入感和整体性，阐明了有机合成材料产生的必要性。学生在课程中更深刻地理解和应用"结构决定性质，性质决定用途"的理念。

发动机材料

陈培培

一、教学内容

汽车是学生们既熟悉又陌生的东西，熟悉是因为接触多、用得多，陌生是因为学生并不了解其复杂的材质、结构和工作原理等。因此，将问题拆解细化，选择汽车的核心——发动机，对其组成材质进行深度学习，会让学生有一定的成就感。

化学的研究对象是物质。本节课基于初中学生的认知水平和学科特点，以汽车发动机作为载体，研究发动机材料层面的物质。

环节 1：先引导学生寻找发动机中他们所熟悉的物质，并根据它们在发动机中的用途分析这些物质应该具备的性质。从而让学生意识到：（1）决定物质用途的性质的多样性；（2）物质性质对物质用途的关键作用。然后再通过对发动机主要部件的介绍，让学生初步了解发动机材料，并与课题"发动机材料"相呼应。

环节 2：首先，根据发动机的"心脏"——活塞的工作动画视频，组织学生结合资料找出最初制造活塞的材料，通过各小组对活塞材料选择理由的分析讨论，让学生总结出决定物质用途的诸多因素。同时，让学生意识到：（1）物质用途可以反映物质性质；（2）物质性质并不是决定物质用途的唯一因素。其次，通过对活塞材料实际发展情况的简单介绍，让学生体会化学学科与众不同的创造性魅力，感召学生爱科学、学科学。

环节 3：通过对工业炼铝的生产实际分析，既复习所学知识，又利用所学知识解读工业流程，在提高学生对该题型的解题能力的同时，也让学生感受化学学科的实用性。

二、学情分析

1. 学生已有的知识、经验与技能基础

学习本节课时，学生已经学完了初中化学 12 个单元的内容。在物质层面，学生

们已经研究了氧气、二氧化碳、金属、常见酸碱盐等物质的物理性质和化学性质。在化学基本实验层面，学生们已经能使用过滤的方法去除难溶性杂质。在化学概念层面，学生们已经能识别四大基本反应类型，理解化学变化遵循质量守恒定律。

2. 学生在学习过程中可能会遇到的困难

（1）第八单元金属材料的学习比较浅显，但发动机的组成材料非常复杂，学生可能对发动机部件材质的描述不准确。

（2）学生可能对发动机活塞材料的性质归纳不准确、不全面。

三、教学设计

1. 教学目标

知识与技能：

（1）使学生了解物质性质很大程度上决定了物质用途，以及物质用途可以反映物质性质。

（2）使学生了解决定物质用途的诸多因素。

过程与方法：

（1）通过分析发动机中熟悉的物质的用途和性质，使学生明确物质、性质、用途三者间的正确关系，并且能够用其解决新的实际问题。

（2）通过寻找活塞材料，培养学生发现问题、分析问题、解决问题的能力。

（3）通过对工业炼铝流程（见图 1）的解读，提高学生对生产实际分析题的解题能力。

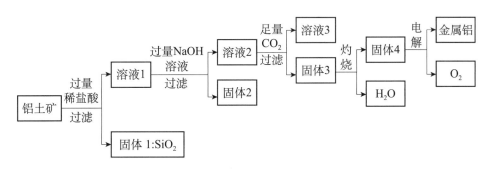

图 1　工业炼铝流程图

情感、态度与价值观：

（1）通过对活塞材料发展历史的学习，培养学生用辩证和发展的眼光看待问题的意识。

（2）通过活塞材料的不断优化和工业上铝的冶炼，使学生体会化学的学科价值。

2. 教学重、难点

教学重点：物质性质与物质用途之间的关系；工业炼铝流程图的解读。

教学难点：根据活塞用途，全面分析活塞性质；结合资料，综合诸多因素，找出合适的活塞材料。

3. 教学过程

教学过程如表 1 所示。

表 1 　　　　　　　　　　教学过程

环节	教师活动	学生活动	设计意图
环节 1：引入	【素材】新旧汽车行驶对比 【提问】汽车性能的大幅度提高，最主要的原因是哪个部件的改进？ 【素材】汽车发动机的发展史 【过渡】整个发动机的发展史凝结了无数科技工作者的心血。发动机的每一次改造和进步都离不开相关材料的革新，今天我们就来重点学习发动机材料。	观看视频； 思考问题； 回答问题。	利用视频和图片激发学生的学习兴趣。
环节 2：寻找发动机中的熟悉物质	【提问】同学们经常坐汽车，但是看过发动机吗？ 【素材】真实发动机展示 【问题 1】发动机里有哪些你熟悉的物质？它们在发动机中有什么用途？它们的哪些性质决定了它们在发动机中的用途？ 梳理学生汇报的典型物质及其用途与性质，并连线。	观察发动机； 结合所学知识； 思考相关问题； 分组汇报。	通过对熟悉物质用途和性质的分析，让学生意识到：（1）决定物质用途的性质的多样性；（2）物质性质对物质用途的关键性作用。
	【过渡】汽车发动机的构造虽然复杂，但基本结构是由多个单缸组成的。 【素材】单缸发动机结构示意图 【素材】主要部件实物图	观察发动机相关部件实物图，思考发动机所用的主要材料。	让学生初步了解发动机材料，与课题"发动机材料"呼应。
环节 3：寻找适合制造发动机活塞的材料	【过渡】人们为什么把发动机比作汽车的"心脏"呢？ 【素材】发动机能量转化模拟 【过渡】发动机的工作原理十分复杂，那么什么是发动机的"心脏"呢？ 【素材】活塞工作的 3D 动画视频	观看发动机能量转化模拟 ppt。 思考分析并回答问题。	通过对发动机原理的简单学习，找出发动机核心部件燃烧室，为活塞材料的研究做铺垫。
	【问题 2】你会选择哪种金属来制造活塞？ 请同学们分组讨论，完成学案任务二。 根据学生回答，逐一梳理。 【小结】综合考虑诸多因素后，得出铸铁最早被用来制造活塞的结论。 【素材】铸铁的成分及性能	观看 ppt； 回顾所学； 思考分析； 小组讨论； 交流汇报。	通过寻找制造活塞的材料，让学生意识到：物质用途可以反映物质性质，物质性质不是决定物质用途的唯一因素。

续表

环节	教师活动	学生活动	设计意图
环节3：寻找适合制造发动机活塞的材料	【过渡】铸铁活塞使用了一段时间之后，人们发现它太重，热量损耗很大，所以又去寻找一种新型金属来代替铁。大家猜一猜是哪种金属？ 根据学生汇报，总结活塞材料的发展史。	根据生活实际，课前整理活塞材料发展史的有关资料，分组汇报。	让学生体会化学学科与众不同的创造性魅力，感召学生爱化学、学化学。
环节4：学习铝的工业冶炼	【问题3】现代多数汽车发动机使用的是铝合金活塞，它没有在第一时间被使用的主要原因是什么？ 【问题4】从铝土矿中很容易得到 $AlCl_3$ 溶液，接下来有没有简单的方法可以直接得到金属铝？	思考，分析讨论，并回答。	复习金属的活动性顺序，引入工业流程图。
	给出工业炼铝流程图（见图1），带领学生逐步分析： ①溶液1含有哪些溶质？如何得到它们？ ②得到金属铝的最后两步都是分解反应，你能说出固体3和4的成分吗？你猜测的依据是什么？ ③实际生产过程中，我们向溶液2中输入足量 CO_2 时会发生以下反应： $NaAlO_2+CO_2+2H_2O=NaHCO_3+Al(OH)_3\downarrow$ 那么，请你结合学案中任务三给出的溶解性表，想一想：往溶液1加入 NaOH 溶液后，得到的固体2是什么？结合学生回答，给出以下反应： $AlCl_3+4NaOH=NaAlO_2+3NaCl+2H_2O$ 对比学生答案，强调氢氧化钠的"过量"。 ④回顾整个流程，想一想：加入过量稀盐酸、氢氧化钠溶液、二氧化碳气体的目的分别是什么？ 【小结】工业炼铝流程的核心思想。	结合流程图，回顾所学知识，思考、完成相应的学案，分组展示，交流讨论，订正学案。	通过解读工业炼铝流程，复习相关知识，提高学生对生产实际分析题的解题能力，同时让学生感受化学学科的实用性。
环节5：小结	①物质、性质、用途之间的关系 ②学科价值	回顾体会	形成整体认识，体现学科价值。

4. 板书设计

板书设计如图2所示。

图 2　板书设计

四、教学反思

本节课选择"发动机"作为研究对象，是因为汽车发动机对学生们来说既熟悉又陌生，熟悉是因为学生知道发动机对汽车的重要性，陌生是因为学生并不了解其复杂的材质、结构和工作原理等。因此，本节课基于初中学生的认知水平和学科特点，以汽车发动机作为载体研究发动机材料层面的物质，对其组成材质进行深度学习，会让学生有一定的成就感。

最初的环节 2 是引导学生通过对发动机中熟悉材料的性质的分析，判断它们在发动机中所起的作用，让学生正向认识物质性质对物质用途的关键作用。在备课的过程中，老师们认为，除了学生找到的材料外，教师也应该对发动机材料做一个简单的概括，否则稍显单薄，与课题"发动机材料"有一定的距离；同时，在试讲的过程中，老师们发现学生的认知过程更加倾向于通过熟悉物质，先联系到它们在发动机中的用途，进而才会去分析它们的性质，而且根据用途反推的物质性质并不全面。所以，环节 2 最终改成了先引导学生寻找发动机中的熟悉物质，并根据它们在发动机中的用途，分析这些物质应该具备的性质，从而让学生意识到：（1）决定物质用途的性质的多样性；（2）物质性质对物质用途的关键作用。然后再通过对发动机主要部件的介绍，让学生初步了解发动机材料，并与课题"发动机材料"相呼应。

环节 3 的最初设想是：首先，根据发动机的"心脏"——活塞的工作动画视频组织学生讨论，推导出活塞材料应该具备的性质，进而让学生结合资料，初步找出适合制造活塞的材料；其次，通过提出对活塞性能"原有缺点改进"和"要求逐级提高"这两方面的实际需求，先让学生结合资料去发现活塞材料的实际发展情况，再让学生综合诸多因素之后寻找性能要求更高的活塞材料，从而达到让学生反向体会物质用途可以反映出物质性质的效果，同时让学生深刻体会到物质的性质不是决定物质用途的唯一因素，以及化学学科与众不同的创造性魅力；最后，带领学生简单了解发动机的其他部件和汽车发动机发展史，感召学生爱科学、学科学。但是，在后来的备课和试讲过程中发现，该环节中的几部分内容如果都讲，学生活动施展不开，不能够进行深度学习，过多内容都是由老师以介绍的形式传授给学生，显得浅显而烦冗。所以，第一次试讲以后，删去了"让学生结合资料去发现活塞材料的实际发展情况，再让学生综合诸多因素之后寻找性能要求更高的活塞材料"。但在第二次试讲时，发现完成"先找活塞材料应该具备的性质，再寻找适合制造活塞的材料"这项学生活动时，学生发挥的空间不够大，所以最终改成直接让学生寻找适合制造活塞的材料，通过各小组对活塞材料选择理由的分析讨论与汇报，让学生总结出决定物质用途的诸多因素，同时让学生深刻意识到：（1）物质用途可以反映物质性质；（2）物质性质并不是决定物质用途的唯一因素。

环节4最初的设计是：通过对工业炼铝的生产实际分析，既能提高学生对中考相应题型的解题能力，又让学生感受到化学学科的实用性。试讲之后发现，让学生单纯地解题显得枯燥无味，"既能提高学生对中考相应题型的解题能力，又让学生感受到化学学科的实用性"成了一句空话。所以，经过老师们的精心设计，改成了：通过对工业炼铝的流程解读，既帮助学生复习酸碱盐的相关知识，又提高学生对该题型的解题能力，同时也让学生感受化学学科的实用性。

总的来说，通过这次学习，我在教学设计、学案设计、板书设计、上课提问技巧、总结性语言的组织等方面都有非常大的收获，这些都为我今后教学能力的进一步提升打下了坚实的基础。更加重要的是，这次的教学让我第一次真正深入地了解了项目式学习，我深刻体会到项目式学习真正摆脱了过去教师领着学生将所学知识点生硬地与生活实际相结合，从真正意义上实现了学生的主导地位。当然，这样的课需要老师善于发觉日常生活中能够结合学科知识点的教学素材，认真准备相关知识，弄清很多自己也不是很清楚的问题。所以对于教师来说，这样基于真实情境的项目式深度学习是一项全新的挑战！有挑战的人生才有激情！对于学生来说，只有这样的课堂才能够极大地激发他们的学习兴趣，让他们不再停留于纸上谈兵，将课本知识与生活实际紧密联系在一起，相互促进，形成良性循环。更重要的是，这样的教学能够极大程度地开发学生的创造性思维，为我国的科学发展打下坚实的基础！

补充资料：铝合金活塞的发展

相对铸铁活塞而言，铝合金活塞的应用比较晚，到20世纪初期才得到很好的发展。最先应用的铝合金活塞材质还不是现在广泛应用的Al-Si合金。铝合金活塞的大体发展历程如表2所示，表2中所列为质量百分比（以下除特殊说明，均指质量百分数）。

表2　　　　　　　　　　早期铝合金系活塞的发展历程

年份	活塞合金成分	别名	性能特点
1903	Al-10%Zn-3.5%Cu	—	耐热性能否满足要求
1920	Al-8%Cu	—	基本满足活塞性能要求
1921	Al-4%Cu-1.5%Mg-2%Ni	LM14（英） SAE39（美） AC5A（日）	高耐热性；线膨胀系数和密度较大，铸造性能差
1923	Al-2%Cu-1%Si-1%Fe-1.5%Mg-1%Ni	RR合金（英） SAE300（美） A110B（俄） AC2A（日）	铸造性能较好，切削加工性能改善；室温、高温条件下均有较好的机械性能与物理性能；线膨胀系数较大，体积稳定性不好

回顾铝合金活塞的发展，美国铝业公司（ALCOA）开发的活塞合金无疑是个很好的见证。始建于 1888 年的美国铝业公司被公认为全球最大的铝业公司，该公司在活塞合金研究历史进程中做了很多努力，也取得了很多专利。表 3 展示了美国铝业公司在不同历史时期开发的活塞合金的化学成分。表 4 展示了相应活塞材料的室温性能。

表 3 　　　　　　美国铝业公司不同活塞材料的化学成分

合金牌号	合金系		时间	化学成分（%）									
				Cu	Si	Mg	Ni	Fe	Mn	Zn	Cr	Ti	Al
AlcoaA108	Al‐Cu‐Si 系		1921	4.0~5.5	5.0~6.0	0.1	—	1	0.3	0.5	—	0.2	余量
Alcoa142	Al‐Cu‐Ni‐Mg 系		1924	3.5~4.5	0.6	1.2~1.8	1.7~2.3	0.8	0.1	0.1	2.25	0.2	余量
AlcoaD132	Al‐Si	亚共晶	现代	4.0~5.0	8.5~10.5	0.5~1.5	0.5~1.5	1	0.5	0.5	—	0.2	余量
AlcoaA132		共晶	现代	0.5~1.5	11.0~13.0	0.47~1.3	2.0~3.0	1.3	0.3	0.1	—	0.2	余量

表 4 　　　　　　美国铝业公司不同活塞材料的主要性能指标对比

合金牌号	合金系		室温性能							
			拉伸强度/MPa	拉伸屈服极限/MPa	硬度/HB	延伸率/%	剪切强度/MPa	疲劳极限/×10^9	弹性模数/MPa	压缩屈服强度/MPa
AlcoaA108	Al‐Cu‐Si 系		193.1	109.8	70	2	—	70~100	—	116.6
Alcoa142	Al‐Cu‐Ni‐Mg 系		331	295	110	0.5	246	67	72 400	209
AlcoaD132	Al‐Si	亚共晶	253	170	105	1	—	—	—	—
AlcoaA132		共晶	331	200	125	0.5	153	—	—	202

铸造铝合金中 Si 元素的加入改善了合金的流动性，降低了疏松性，提高了气密性，并减小了合金的热裂倾向。因此，Al‐Si 合金具有线胀系数小、比重小、耐磨性好、铸造性能好等许多优点，从而广泛应用于现代发动机的活塞制造。

请同学们结合上文想一想：近百年来，铝合金活塞的性能不断优化，你最大的体会是什么？

发动机内的燃烧

王天吉

毫无疑问，汽车的动力来源于发动机，那么发动机是如何动起来的呢？其实，发动机有很多种类，从燃料种类层面就可分为汽油发动机、柴油发动机等。我们以汽油发动机为例，一起来看一看它的结构。发动机主要由气缸构成，气缸中有活塞。气缸活塞的往复运动带动汽车的传动系统，从而使汽车运行起来。这种往复运动主要分为四个过程：进气、压缩、做功、排气。那么，到底是什么力量使气缸活塞运动起来呢？从化学的视角来看显而易见，气缸中的燃烧爆炸是气缸中活塞运动起来的主要因素，使得化学能通过某种方式转化为动能。

一、教学内容

1. 教学的具体内容及其内在联系

发动机作为汽车的"心脏"，具有十分重要的研究价值。发动机的运动是由燃料燃烧驱动的，那么研究清楚燃烧是如何推动活塞运动的就显得尤为重要。通过引导学生对这一问题的讨论，从真实情境中提取出化学问题，深化学生对化学反应特征是有新物质生成和发生能量变化这两点的认识，进一步分析乙醇是否由于这两方面因素而被广泛应用。又通过乙醇燃烧比较环保过渡到如何使燃烧充分的分析之中。最后运用本节课内容进行"辟谣"，通过对汽油标号的正确认识来更正人们的某些认识误区。

2. 考试说明对教学内容的要求

考试说明对教学内容的要求如表 1 所示。

表 1　　　　　　　　　　考试说明对教学内容的要求

考试内容	考试要求	要求层级
化学变化的基本特征	能区分物理变化和化学变化	★★★
化学与能源和资源的利用	认识燃烧的条件	★★

续表

考试内容	考试要求	要求层级
科学探究	对问题可能的答案做出猜想或假设，并进行论证	★★
	运用查阅资料等方式收集证据	★★★
	反思、评价探究过程	★★★
	表述探究过程和结果	★★★

3. 学情分析

（1）学生已有知识、经验和技能基础。本课程针对初三学生。学生已学习了九年级全部内容及高中必修 1 的前三章。学生对燃烧现象、燃烧条件、化学变化的基本特征有了一定的理解；对汽车比较感兴趣，日常生活中接触得比较多，但对汽车的认识停留在表观汽车参数层面；对科学探究有一定的基础，基本能够做到提出问题、分析问题并解决问题。

（2）学生在学习过程中可能会遇到困难。困难包括：对压强本质的分析过程认识不够深入；从燃烧推动气缸的压强分析迁移到实际问题分析时可能有一定的难度。

二、教学设计

1. 教学目标

知识与技能：

使学生复习化学变化的基本特征，了解关于汽油和发动机的一些常见概念，提高从宏观与微观角度正确认识事物与分析事物的能力。

过程与方法：

使学生能运用比较、分类、归纳和概括等方法从真实情境中提取化学问题，并对获取的内容进行加工，提高自身系统运用知识、技能来分析、解决真实情境中的问题的科学探究能力，提高从阅读材料中收集证据的能力。

情感、态度与价值观：

激发学生的爱国主义情怀，增进其对化学变化影响社会生活的认识，强化其践行改善人们生活的责任。

2. 教学过程

教学过程如表 2 所示。

表 2   教学过程

环节	教师活动	学生活动	设计意图
环节 1：课堂引入，激发兴趣	展示图片，现代汽车的快速发展呈现不同方向，在一定程度上也是发动机的发展，并引出国产发动机的不足。 问题一：汽车能够动起来，哪些结构是必需的？	学生聆听教师讲解并观看图片，进一步回答教师所提问题。并请同学结合物理知识介绍气缸的四个冲程。	激发学生对汽车动力的兴趣，培养学生的爱国主义情怀，使学生初步参与到课堂的活动中，促进学生思考的积极性。
环节 2：分析燃烧如何推动活塞运动	问题二：燃烧到底是如何推动活塞运动的？ 教师从学生的问题回答中总结出汽油燃烧在分子数改变和能量改变两个方面对活塞的影响，形成主板书。 追问：气体分子数改变和能量改变到底是如何影响压强的？ 迁移至空气中氧气含量的测定实验。	学生结合材料内容分组讨论问题二；书写异辛烷完全燃烧的化学方程式。 学生以小组讨论结果为基础回答问题二。 思考、分析并回答。 原理迁移。	以小组讨论形式增强学生的合作意识，提升学生的沟通能力。使学生在分析问题的过程中夯实方程式的书写，深化对反应分子数改变和能量变化即化学反应特征的理解。 从宏观压强变化引入对微观分子撞击器壁的本质认识。 深化学生对课内与压强变化相关实验原理的理解。
环节 3：分析如何使燃烧充分	问题三：乙醇汽油能提高汽油对活塞做功的本领吗？ 追问：乙醇在物质和能量变化上都不如汽油，为什么它还有如此广泛的应用？ 追问：为什么乙醇燃烧会产生较少的空气污染物？ 教师总结学生的认识角度并引入"充分燃烧"。 问题四：汽油燃烧不充分会产生哪些不良影响？ 追问：有什么办法让发动机中的汽油燃烧得更充分？	通过环节 2 的两个角度分析乙醇汽油。 思考并回答乙醇应用广泛的原因。 学生从多角度回答问题。 多位同学回答问题。 小组讨论，由小组代表回答问题	提升学生用已学内容分析并解决实际问题的能力。 引发学生思考。 从乙醇汽油的应用原因引入燃烧充分的问题。 提高学生的归纳总结能力。 提高学生合作、表达、理论联系实际的能力。
环节 4：学以致用	问题五：有人说汽油标号越高，其纯度就越高，燃烧越充分，放热也就越多。这种说法合理吗？	结合生活经验阅读材料，说说你的看法。	训练学生从材料中提取信息、收集证据的能力。增强学生对实际问题的判断力。

3. 板书设计

板书设计如图1所示。

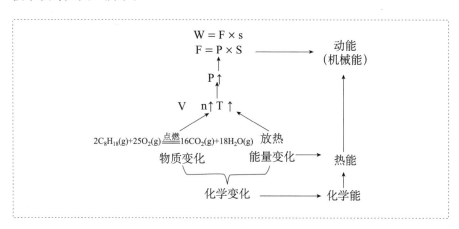

图1 板书设计

三、教学反思

汽车是现代人的主要交通工具,课程开始利用当代汽车两个发展方向的精美图片来激发学生的兴趣,进一步提出问题:汽车能够动起来哪些结构是必需的?引入汽车的"心脏"——发动机,并通过让学生讲解发动机的运动过程来让学生参与进来。接下来一系列环环相扣的问题引领学生理解气缸中发生的变化,整节课学生参与度很高。之前预测的学生难点没有成为阻碍学生理解问题的障碍,可以改进的地方在于课堂提问时对学生的回答应该更积极反馈,以提高课堂的流畅度。

附录:课堂学案资料

【资料一】

汽油在生活中应用广泛,它是各种有机物组成的混合物,主要含有碳元素和氢元素。汽油是重要的燃料,主要成分有直链烷烃、异构烷烃、烯烃、环烷烃、芳香烃和各种添加剂,总计达上百种成分。表3列出了汽油中的某些组分及其沸点。汽油组分的最大沸点不超过205℃。

表3 汽油中的某些组分及其沸点

汽油中的某些组分	沸点/℃
异戊烷（C_5H_{12}）	27.8
异辛烷（C_8H_{18}）	99.3
2-甲基-2-丁烯（C_5H_{10}）	38.1
二甲苯（C_8H_{10}）	138～145

汽油与空气形成可燃混合气进入气缸，在压缩冲程结束时气缸内温度可达300℃～500℃；而后混合气被火花塞电火花点燃，缸内温度急剧上升，瞬间可使温度达到1 500℃～1 800℃。平时我们所说的发动机温度是指发动机缸盖的冷却水温度，大约是90℃。

【资料二】

对国内汽油质量的担忧已经成为很多车主的心病。于是有一种声音就在网上悄然流行起来，那就是"尽量加标号高的汽油"，甚至有人误认为汽油标号越高，汽油纯度就越高，觉得加高标号的汽油能省油。实际上，不必盲目加高标号汽油!

首先，我们来看看汽油标号到底是指什么。实际上，汽油标号指的是其辛烷值的大小，而不是纯度。辛烷值是什么我们不必了解太多，只要知道它是衡量汽油抗爆性的重要指标就够了。一般来说，原油初步提炼出来的时候辛烷值最多是90号，之后会通过加入各种抗爆震的添加剂变成高标号的93、95、97号等汽油。

高标号的汽油燃烧爆震小，但是燃烧速度慢，需要较高的压缩比；相反，低标号汽油的燃烧速度较快，但是燃烧爆震大，需要比较低的压缩比。所以，所加汽油的标号应该根据发动机的压缩比来确定。通常来说，压缩比超过10的自然吸气发动机——尤其是带直喷技术的自然吸气发动机——需要较高的压缩比，因此需要95号、97号等高标号燃油。而低压缩比的自然吸气发动机或者增压发动机需要93号等较低压缩比的燃油。不过，也有例外，某些拥有独特技术的发动机也可以在高压缩比的情况下使用低标号油。譬如马自达的创驰蓝天发动机的压缩比为13∶1，但仍可以使用92号汽油。

如果非要加高标号的汽油，会有什么后果呢？由于高标号汽油爆震较小，发动机可以变得更安静，但是这样做也是有坏处的：因为汽车的发动机电脑程序要根据设定使用的油品有针对性地设置压缩比、点火提前角等参数，对抗爆性较差的汽油设置了进行微调节的适应性程序，但是对高标号汽油则没有相应的程序，所以一些压缩比低的发动机使用高标号汽油会导致汽油压缩、燃烧不充分，使行驶中加速无力，还会带来积碳。因此，需要加什么油，应该看自己车的车辆说明书和油箱盖的提示。任何一款在国内销售的车型，厂商都是要针对国内路况和油品做出相应调整的，消费者大可不必在这方面过于费心。

汽车中的动力电池

陈健伟

一、教学内容

本节课的内容是对人教版高中化学必修 2 第二章第二节知识"发展中的化学电源"的深度挖掘。本节课涉及化学能与电能的转化和原电池的组成要素等知识，重点是认识原电池的概念、反应原理、构成及应用，认识化学能转化为电能对现代化的重大意义。难点是通过对原电池的探究，引导学生从电子转移角度理解化学能向电能转化的本质。本节课的知识点属于化学反应原理范畴，是化学学科重要的原理性知识。根据课程标准，关于化学能与电能的相互转化侧重讨论化学能向电能的转化，以及化学能直接转化为电能的装置——化学电池，主要考虑其应用的广泛性和学习的阶段性。关于化学电池，通过原电池和传统干电池（锌锰电池）初步认识化学电池的化学原理和结构，并不断上升为规律性的知识；通过介绍新型电池（如锂离子电池、燃料电池等）体现化学电池的改进与创新，初步形成科学技术的发展观。

学生已经学习过能量转化的相关知识，并对原电池的基本原理有所了解，但对原电池的工作原理和构成要素理解得不够深刻。作为首都地区的学生，每天都会接触大量的汽车，对汽车有一定的了解，而汽车中有许多使用电池的地方，因此可以将汽车作为增进学生对原电池理解的重要载体，这样在帮助学生领悟知识的同时也培养了学生理论联系实际的能力。本课拟结合汽车动力电池的发展背景，强化学生对原电池原理的理解和掌握。

在当代社会中，汽车是学生非常熟悉的代步工具。随着能源问题的逐渐突出，新能源汽车在最近几年迅速成为一个热点话题。在讨论新能源汽车时，动力电池是一个绕不开的点。本节课正是在这种背景下选择汽车中的动力电池作为切入点，以电动汽车和燃油汽车对比的优缺点作为改进动力电池的主线，来介绍电动汽车几种不同的动力电池，加深学生对能量转换、原电池化学原理和结构等知识的理解，也让学生对化学的实用性和创造性有更多的体会。

二、教学设计

1. 教学目标

知识与技能：

使学生掌握原电池的原理和形成条件，了解几种常见动力电池的原理。

过程与方法：

以改善动力电池为主线，结合汽车动力电池的发展历史，使学生了解铅酸电池、锂离子电池以及燃料电池的原理，进一步掌握原电池的构成要素。从能量转换、比能量等化学原理角度揭示电池的发展历程。

情感、态度与价值观：

培养学生勇于创新、积极实践等科学精神和科学态度，使学生体会化学知识与生产实际相结合的乐趣，落实科学发展与社会责任的核心素养。

2. 教学过程

教学过程如表1所示。

表1　　　　　　　　　　　　　　教学过程

环节	教师活动	学生活动	设计意图
环节1：引入	【引入】介绍最老的电动汽车。 【问题1】为什么要发展电动汽车？ 【任务1】比较电动汽车和燃油车。	观看，倾听，了解电动汽车的历史。 倾听，思考并讨论：从环境、能源以及中国自身汽车发展的国情角度回答。 观看，总结：电动汽车的发展受限于动力电池的发展。	以历史为情境，引入课堂。 使学生体会电动汽车的优劣势及战略意义，落实科学发展与社会责任的核心素养。
环节2：铅酸电池	【问题2】铅酸电池中原电池的构成要素是什么？ 【总结】介绍铅酸电池。	倾听，思考并回答：用能量转化、电极反应物及材料和闭合回路三个条件构造原电池。 倾听，思考动力电池如何继续发展。	巩固学生已学原电池知识，培养学生系统思维能力。
环节3：锂离子电池	【问题3】如何延长电池的续航里程？ 【问题4】如何选择负极反应物？ 【追问1】电极材料的选择还需要考虑哪些现实因素？ 【追问2】锂离子电池构成原电池的要素是什么？	讨论并汇报：续航里程长的电池需要比能量高的电极反应物。 阅读并思考：比能量高的电极反应物要求元素最大电子转移数与相对原子质量的比值最大。	借助实际模型，巩固学生原电池知识和能量转化知识。 培养学生信息加工提取能力和应用已学知识解决现实问题的能力。

续表

环节	教师活动	学生活动	设计意图
环节3： 锂离子电池	【总结】介绍锂离子电池。	思考并回答：实际应用中还需要考虑元素存量、价格等因素。 倾听并在教案上写出锂离子电池对应的原电池要素。 倾听，总结呼应题目。	
环节4： 氢氧燃料电池	【问题5】电池为什么要充电？ 【追问3】如何设计氢氧燃料电池？ 【总结】播放氢氧燃料电池汽车的视频，并总结其特点。	思考并回答：充电是为了获得放能的反应物。如果能不断提供放能的反应物，就不需要充电。 从原电池的构成要素角度思考，氢氧燃料电池的构成要素分别是什么。 观看视频，倾听小结，回顾电池的发展历程。	培养学生的逻辑思维和解决问题的能力，进一步引出燃料电池。 培养学生将实际模型转化为理论模型的能力。 落实科学发展与社会责任的核心素养。
环节5： 小结	【小结】原电池的构成要素。	倾听，回顾。	总结提升。

三、教学反思

本课程的主题是汽车动力，结合当下热门的新能源汽车话题。学生很容易对汽车的动力电池感兴趣，并能够在此基础上激发社会责任感和爱国热情。结合高一下学期"发展中的化学电池"，本课程选择以汽车的动力电池的发展史为主线，介绍汽车中的各种动力电池。

刚开始设计本课的时候，计划以汽车发展史为主线，分别对几种汽车动力电池做简要介绍，并抽提出其原电池模型，以此来巩固学生对原电池的构成要素、电极反应式及原理知识的掌握。但是，这样设计带来了三个主要问题：（1）各电池之间关联不大，问题也没有连续性；（2）几种电池都提取其原电池模型，知识过于重复，课堂紧凑性不好；（3）电极反应式并不是高一学生的重点知识，这样容易提升难度，影响学生对学习的积极性。

在与教研组的老师多次讨论之后，笔者的认识有了很大的提高，并做了较大的修改。修改稿仍以汽车发展史为主线，但是从动力电池本身的优缺点的角度介绍其发展史，这样动力电池的发展就是不断克服其缺点的过程。同时，学生在根据各种电池的主要缺点预测电池的发展方向时，也能根据自身的知识基础，结合老师给的信息来解决实际问题，这既巩固了学生的课内知识，也提升了学生应用已有知识解决实际问题的能力。如在引入汽车动力电池之后，首先介绍了铅酸电池，并请学生根据已知材料说出构成铅酸电池的原电池要素。之后指出铅酸电池的最大问题是续航里程问题。找到这个问题之后，抛给学生一些材料，引导学生基于能量转化和原电池的基础知识分析得出结论：比能量高的电极反应物构成的电池续航里程较长。接着，在寻找比能量高的元素时，引导学生根据已经学习的元素周期律知识，并结合实际条件和已知信息提示，找到比较适合的氢元素和锂元素，至此引出锂离子电池的介绍。问题衔接，而且既巩固了学生对现有知识的掌握，也拓展了学生对知识的应用。在介绍完锂离子电池之后，发现锂离子电池的主要问题是充电时长，而要解决电池的充电时长问题，首先要弄明白电池为什么要充电。学生根据电池充电过程中的能量转化和物质转化规律发现，充电是为了获得放能的反应物，如果能不断提供放能的反应物，电池就不需要充电。在此基础上提出氢氧燃料电池。最后，介绍完所有电池之后，以火炸药专家王泽山为例进行感情升华，并收尾。整个过程以发展史为线，环环相扣，既对各种电池的原电池原理进行解释，又不重复；既巩固了之前所学的知识，又有拓展应用和感情升华，体现了科学精神与社会责任相结合的学科素养。

原电池在汽车中的应用

何谷

一、教学内容

原电池在《普通高中化学课程标准（2017 年版 2020 年修订）》（以下简称"课标"）中属于选择性必修课程主题 1.3"化学反应与电能"，其要求为"了解原电池及常见化学电源的工作原理"。大纲中的情境素材建议为："铅蓄电池、锂离子电池等生活中常用的电池；氢氧燃料电池与电解水；化学电池的发展历史与新型电池的开发。"

本节课选自人教版必修 2 第二章第二节"化学能与电能"的第二课时，学生需要在本课时认识化学能与电能相互转化的实际意义及重要应用，了解原电池及常见化学电源的工作原理。

学生通过"化学能与电能"第一课时的学习，已经掌握了原电池的基本工作原理、构成电池的要素，并知道了三种常见的电池：锌锰电池、铅蓄电池和氢氧燃料电池。

经历了 100 多年的发展，一次电池、二次电池、燃料电池都活跃在生产和生活中，在人类社会中发挥了不可或缺的作用，但同时也带来了不可忽视的环境问题。课标要求从生活中常用的电池入手，了解原电池的工作原理。随着新能源汽车的兴起，原电池在汽车中得到广泛应用。汽车中的原电池都有哪些？不同部位选择电池的依据是什么？本节课通过比较各种电池的优势和劣势，帮助学生了解原电池的发展史和发展趋势，进一步落实原电池的基本工作原理、构成电池的要素，以此为切入点，以汽车为载体，聚焦应用于汽车中的电池，通过辩证地评价电池感受电化学在生产生活中的应用，激发学生主动参与、学以致用，不断增强为社会服务的情感和意识。

二、教学设计

1. 教学目标

知识与技能：

使学生掌握生活中电池的工作原理，明确构成电池的要素。

过程与方法：

通过分析一次电池、二次电池、燃料电池，使学生体会构成电池的要素；对比应用于汽车中的一次电池、二次电池、燃料电池的优势和劣势；辩证地评价各种电池，使学生了解原电池发展的方向。

情感、态度与价值观：

使学生感受电化学在生产生活中的应用，激发学生主动参与、学以致用，不断增强为社会服务的情感和意识。

2. 教学过程

教学过程如表1所示。

表 1　　　　　　　　　　　教学过程

环节	教师活动	学生活动	设计意图
环节1：引入	【引入】汽车在给我们的生活带来极大便利的同时，也对环境造成了一定的污染。 【提出】将化学能转化为电能的途径有哪些？ 【追问】原电池的分类有哪些？	倾听、回忆、思考、讨论、回答。 学生能够回答出将化学能转化为电能可以通过火力发电和原电池装置实现。 学生能够回答出原电池有一次电池、二次电池、燃料电池。	通过引入，学生能回忆起化学反应与能量转化的方式、原电池的分类。
环节2：原电池在汽车中的应用	问题1：原电池在汽车中有哪些应用？ 【追问】在这些电池中，哪些是一次电池？哪些是二次电池？	思考，小组讨论并回答。 学生能够回答出电动汽车动力系统、汽车电源系统、照明系统、汽车遥控器以及行车记录仪中都应用了原电池。	通过真实情境引发学生思考，使学生知道一次电池、二次电池、燃料电池在汽车中都有应用。
环节3：电池选择的依据	问题2：汽车遥控器中电池的选择依据是什么？ 【讲解】可以从成本、容量和使用时间等方面考虑。 【追问】在汽车遥控器中，为什么选择纽扣电池？ 【追问】写出纽扣电池的电极方程式。 【追问】纽扣电池有哪些缺点？	阅读资料，根据课堂提供的图表回答问题。 学生能够回答出汽车遥控器中电池的需求是：结构简单、容量大、自放电少。 学生能够回答出纽扣电池具有体积小、质量轻、放电平稳、自放电少等优点。 思考，回答问题。 学生能够回答出纽扣电池中的重金属会对环境造成污染。	使学生通过比较成本、容量、使用时间了解一次电池的优势。 落实原电池的基本工作原理、构成电池的要素。 从减少废弃物、资源利用及经济的角度来考虑，二次电池的优越性都是十分明显的。

续表

环节	教师活动	学生活动	设计意图
环节4：电动汽车动力电池的选择依据	【引入】纯电动汽车是完全由电池提供动力源的汽车，它的动力来源是什么？ 问题3：电动汽车动力电池的选择依据是什么？ 【追问】最熟悉的二次电池是什么？写出它的电极方程式。 【追问】铅蓄电池有哪些优缺点？ 【讲解】镍氢电池是二次电池发展史上的一次重大突破，它不仅无污染，还具有能量密度高、可以大电流高功率充放电等优点。但其价格较高，具有记忆效应。 【追问】为什么电池不应有记忆效应？ 【讲解】为了改良镍氢电池有记忆效应的缺点，又发明了锂离子电池。 【讲解】锂离子电池只是现阶段最好的，但如何回收材料可能是以后几十年需要面临的问题。 【追问】除此之外，锂离子电池还有哪些缺点？ 【讲解】燃料电池因其效率高、无污染，是未来动力电池发展的方向。	观看视频短片，了解电动汽车感应电动机的工作原理和动力来源。 学生能够通过已有知识和资料卡片总结出：铅蓄电池有价格低廉、安全性好、生产制造工艺简单、回收利用率高等优点；但其也存在比能量低、续航里程短、循环寿命短、重金属铅会污染环境等缺点。 倾听、领悟、认知。 学生理解研发镍氢电池是为了改良铅蓄电池的缺点。但镍氢电池并不是完美的，它的出现又带来了新的问题。 学生能够通过已有知识和资料卡片总结出锂离子电池能量密度高、无记忆效应、充放电效率高，且材料环保。 学生能够总结出锂离子电池充电时间长、成本高的问题限制了它的使用。 学生能够理解在解决了可靠性、储氢技术等问题后，燃料电池会成为动力电池领域一个革命性的变革方向。	使学生知道电动汽车的电池组不能选用一次电池的原因。 落实原电池的基本工作原理、构成电池的要素。 通过对比，总结铅蓄电池的优缺点，使学生了解电池的发展史和发展趋势，辩证地评价电池，感受电化学在生产生活中的应用。 通过对比，总结镍氢电池的优缺点，使学生了解电池的发展史和发展趋势，辩证地评价电池，感受电化学在生产生活中的应用。 通过对比，总结锂离子电池的优缺点，使学生了解电池的发展史和发展趋势，辩证地评价电池。 使学生理解燃料电池是动力电池的愿景：虽然它现在还没能在电动汽车领域普遍使用，但它已经成为当今世界新能源领域研究的热点。
环节5：小结	【总结】无论哪一种原电池都不是十全十美的，电池的发展历史正是为了不断满足人们需求不断发展的过程，由此也让人看到了电池的未来发展趋势。	通过分析一次电池、二次电池、燃料电池，体会构成电池的要素；对比应用于汽车中的一次电池、二次电池、燃料电池的优势和劣势；辩证地评价各种电池，了解原电池发展的方向。	使学生感受电化学在生产生活中的应用，激发学生主动参与、学以致用，不断增强为社会服务的情感和意识。

三、教学反思

课标要求将原电池实验的探究——各种化学电源的设计、工作原理和应用——转化为技术产品。本课程以原电池在汽车中的应用为主线，将化学知识和生活实际联系在一起，用问题驱动培养学生应用已有知识综合分析和解决实际问题的能力。

第一项学生任务通过"原电池在汽车中有哪些应用"引入。学生能够想到电动汽车的动力系统、汽车的电源系统与照明系统、汽车遥控器以及行车记录仪都应用到了原电池；根据电池的分类，意识到一次电池、二次电池、燃料电池在汽车中都有应用。

显而易见，根据应用部位的不同需求，挑选电池的依据也不尽相同，那么很自然地就引出了第二项学生任务：不同应用场合下选择原电池的依据，例如"汽车遥控器中电池的选择依据"。

学生能够意识到：汽车遥控器中的电池并不会被频繁更换，因此从成本、电池容量、使用时间上考虑，一次电池都是最佳的选择。这是因为，二次电池在充放电时电极体积和结构之间要发生可逆性变化，而一次电池不需要调节这些可逆性变化，因此内部结构要简单得多。另外，一次电池的质量比容量和体积比容量均大于普通的充电电池。此外，从使用时间上看，一次电池的自放电现象也明显弱于二次电池。

根据教师提供的资料卡片，学生可以看出纽扣电池是用于汽车遥控器电池的最佳选择。在放电过程中，它的电压对应放电时间的曲线最平缓，也就是说，它在放电时可长期保持几乎相同的电压，这与碱性电池随着电量减少电压也逐步下降的情况完全不同。并且它的自放电现象最弱，使用时间最长。

继而给出纽扣电池的反应方程式：

$$Zn + Ag_2O + H_2O = Zn(OH)_2 + 2Ag$$

通过方程式落实构成原电池的四个要素：电极反应物、电极材料、导体和自发进行的氧化还原反应。

但是，和二次电池相比，无论从减少废弃物的角度还是从资源利用及经济的角度来考虑，一次电池的劣势都是十分明显的。因此抛出第三项学生任务——在电动汽车动力电池的选择中，哪一种二次电池最好，即"电动汽车动力电池的选择依据是什么"。

学生很快能想到教材中的铅蓄电池。铅蓄电池的发明距今已经有100多年了，它有很多优点，比如材料丰富、价格低廉、安全性好、生产制造工艺简单和回收利用率高，曾经广泛应用于电动汽车上。但是，它同时也有以下缺点，例如：比能量低；铅蓄电池的重量和体积都太大，会占用太多的空间；续航里程也很短；铅蓄电池的循环寿命太短，频繁更换电池相当于增加了成本；另外，电解液硫酸和重金属铅都会造成严重的环境污染。因此，其发展和市场化应用都受到了比较大的制约。

为了解决铅蓄电池重量太大的问题，科学家们想到了用氢作为电池材料，并在此基础上发明了镍氢电池。它不含铅、镉等重金属元素，不仅无污染，还具有能量密度高、可以大电流高功率充放电等优点，是一种绿色电池。但是，镍氢电池价格比较高，而且自放电损耗大，对环境温度的变化也比较敏感，就像到了冬天有时手机开不了机一样。另外，镍氢电池还具有记忆效应和充放电发热问题，而记忆效应正是限制镍氢电池发展的主要原因。

在"一脚油门一脚刹车"的路况上开车，具有记忆效应的电池是完全不行的。为了摆脱记忆效应带来的困扰，科学家又发明了锂离子电池。锂离子电池自 20 世纪 90 年代面世以来，就迅速占领了电动汽车动力电池市场的主体地位。

根据材料，学生能总结出锂电池的优势：锂离子电池的能量密度高，无记忆效应，充放电效率高，且材料环保。对锂离子电池材料的一系列研究也取得了重大进展，特别是正极材料有突飞猛进的发展，主要有钴酸锂、锰酸锂和磷酸铁锂等，其中锰酸锂电池和磷酸铁锂电池在电动汽车中得到较为广泛的应用。2008 年北京奥运会的电动大巴使用的就是锰酸锂电池。磷酸铁锂电池具有循环寿命长、充放电平台平稳、低温环境下工作状态良好和安全性能良好等优点，其在大容量动力电池领域方面的应用前景也十分广阔。

但是，锂离子电池只是现阶段最好的电池之一，充电时间长、安全性较差、成本高的问题限制了它的使用。并且，进一步提高锂离子电池的循环寿命也是锂离子电池发展永恒的话题。另外，如何回收电池材料可能是未来需要面临的新问题。

为了解决充电时间长和污染的问题，选择燃料电池作为动力电池是可期的愿景。燃料电池因其效率高、无污染，是未来动力电池发展的方向。燃料电池号称终极电池，它效率高，无污染，但是它现在还没能在电动汽车领域普遍使用，主要是因为燃料电池的可靠性、环境适应性、系统成本都具有很大的问题。而储氢技术的难题又是最难攻克的，因为目前不管是高压储氢还是液态储氢，单位体积储氢密度都不够大。如果这些问题得到解决，燃料电池势必会成为动力电池领域的一次革命性的变革方向。

通过教学设计，学生能从课程中体会到没有哪一种电池是十全十美的，电池的发展历史正是为了不断满足人们更高的需求的进步史，这就是化学学科的科研服务于人类社会发展的一个缩影。由此也让人看到了电池未来的发展趋势，激发学生主动参与、学以致用，不断增强为社会服务的情感和意识。

电动汽车的动力电池

蔡元博

一、教学内容

本节课主要涉及人教版选修 4《化学反应原理》第四章中化学电源的相关内容。《普通高中化学课程标准（2017 年版 2020 年修订）》（以下简称"课标"）对化学电源的要求是：能列举常见的化学电源，能举例说明化学电源对提高生活质量的重要意义，并能利用相关信息分析化学电源的工作原理。同时，化学电源是对原电池和电解池原理的实际应用。对于原电池和电解池，课程的要求则是：能辨识简单的原电池的构成要素，能分析原电池和电解池的工作原理，能设计简单的原电池和电解池，认识电解在物质转化和能量储存中的具体应用。

在实践中，可以将常见化学电源作为素材，组织学生开展分析解释、推论预测、设计评价等学习活动，增进学生对原电池工作原理的认识，促使学生认识到电极反应、电极材料、离子导体、电子导体是电化学体系的基本要素，建立针对电化学体系的基本分析思路，深化对电化学本质的认识。

在素材的选择上，我们选择了与当今能源问题、环境问题密切相关的汽车。汽车中的动力电池都是可充电的二次电池，它们既贴近学生生活，能激发学生对身边的化学原理的探索兴趣，又能很好地联系原电池、电解池的相关知识。在汽车动力电池的发展历史上，曾有多种类型的电池投入使用。本课程主要选取了铅蓄电池和镍氢电池这两种为代表，结合相关材料了解它们作为汽车动力电池的优缺点，分析它们的工作原理并探索它们在使用过程中可能面临的问题，课程内容的难度和复杂度层层递进，以巩固学生对原电池和电解池的基本知识的掌握，使其形成分析电化学装置的基本分析思路，并提升对复杂问题的分析能力。

二、教学设计

1. 教学目标

（1）通过分析铅蓄电池的充放电原理，巩固学生对原电池的基本知识的掌握，使其建立分析电化学体系的基本思路，并初步完成由原电池向电解池的学习过渡。

（2）通过对镍氢电池充放电原理的讨论，使学生学会对陌生电化学体系进行分析，提升分析信息、联系所学知识对陌生现象进行分析的能力。

（3）通过对电动汽车及其动力电池的介绍，使学生体会化学与科技发展、化学与能源、化学与环境的紧密联系，了解化学对人类和社会的重要意义。

2. 教学过程

教学过程如表 1 所示。

表 1　　　　　　　　　　　　　　　　教学过程

环节	教师活动	学生活动	设计意图
环节 1：引入电动汽车	从能源和环境的角度，引导学生分析传统燃油汽车到新能源汽车的转变。	思考代替热能的能量转化方式，从而想到使用电能的电动汽车。	使学生了解化学对科技发展的影响，体会化学在能源、环境问题上所承担的责任。
环节 2：比较几种电动汽车电池的性能	介绍电动汽车及其所用电池的发展过程，引导学生思考电池实际使用过程中所面临的问题。 【素材】 铅蓄电池、镍氢电池、锂离子电子的性能比较。 【提问】 结合材料以及对电动汽车的理解，分析铅蓄电池、镍氢电池及锂离子电池的优缺点。	（1）分析所给材料，讨论并回答三种电池的优缺点。 （2）思考这些电池的性能指标在实际使用中分别对应电动汽车的哪些性能。 （3）畅想理想中的汽车动力电池应该具有什么样的性能。	通过对铅蓄电池、镍氢电池、锂离子电池性能指标的比较，使学生了解电池在实际应用中所面临的问题，了解比能量、功率密度、循环寿命、自放电、单体电压等化学电源中常见的概念，理解目前新型动力电池的研发方向。
环节 3：认识铅蓄电池	介绍铅蓄电池的构造，引导学生思考铅蓄电池的充放电原理。 【素材】 铅蓄电池车及铅蓄电池结构的图片、铅蓄电池工作原理的视频、铅蓄电池废弃的相关文献。 【提问】 （1）观看视频，分析铅蓄电池的工作原理。 （2）结合工作原理和补充材料，分析铅蓄电池循环寿命较短的原因。	（1）观看图片和视频，分析铅蓄电池的基本构成要素和放电时的工作原理，填写学案中的表格。 （2）与其他同学分享思考的过程和结果。 （3）结合对充电过程的理解，分析充电时铅蓄电池的工作原理，填写学案中的表格。 （4）思考并针对铅蓄电池的寿命问题提出合理的猜测。	（1）依托对相对较简单的铅蓄电池充放电过程的学习，使学生巩固对原电池的基本知识的掌握，建立起原电池的基本结构模型，学会分析电化学体系的基本思路和方法，初步了解电解池装置。 （2）理解铅蓄电池实际使用过程中常见问题产生的原因，从而帮助我们在生活中更好地避免或应对这类问题。

续表

环节	教师活动	学生活动	设计意图
环节4：认识镍氢电池	介绍镍氢电池的构造，引导学生思考镍氢电池的充放电原理。 【素材】 镍氢电池结构的图片、镍氢电池工作原理图、镍氢电池自放电机制的相关文献。 【提问】 (1) 根据工作原理图，分析镍氢电池的工作原理。 (2) 根据所给材料，分析镍氢电池自放电过程中 NH_3 的作用。推测所使用的选择透过性膜有哪些特点。	(1) 观察并分析镍氢电池的工作原理图，模仿上一环节中对铅蓄电池的分析过程，分析镍氢电池的工作原理，填写学案中的表格。 (2) 与其他同学分享思考的过程和结果。 (3) 思考并针对 NH_3 在自放电中的作用以及针对选择透过性膜的特点提出合理的推测。	(1) 以相对陌生且复杂的镍氢电池为对象，将上一环节所建立的分析思路、学会的分析方法应用到实际中，以此学会利用原电池的基本结构模型分析陌生的电化学体系。 (2) 镍氢电池中增加了离子交换膜，构建了双液原电池系统。借助对镍氢电池的分析可了解原电池结构中隔膜或盐桥的作用。
环节5：小结	通过 ppt 及板书讲解，回顾本节课所学的主要内容。	聆听与回忆所学的相应内容。总结本节课的重点知识和思维方法。	总结课程，复习回顾，加深印象。将知识应用于生活中，体会化学对生活的影响。

3. 板书设计

板书设计如图 1 所示。

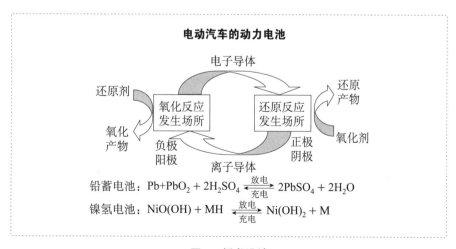

图 1　板书设计

三、教学反思

本节课将"汽车中的化学"与高二年级选修 4 所学的化学反应原理相结合，选修 4 中化学反应与能量、化学反应速率和化学平衡、电化学基础等专题都可以与汽车中的化学紧密联系在一起。如今能源问题与环境问题是国家日益关注的重点问题，新能源汽车与传统燃油汽车的比较也引起了广泛的讨论。新能源汽车所使用的动力电池可以作为化学电源的代表，既可用于原电池与电解池等电化学原理的学习与巩固，又是将课堂所学的化学知识用于生产生活实际的学以致用的典型实例。

在"汽车中的化学"系列课程中，高一年级也同时开展电化学相关的课程教学。在能力层级上，高一年级更注重学习简单的单液原电池模型，以及对原电池基本装置和基本原理的介绍；高二年级的课程则需要学习更复杂的双液原电池模型，并且更侧重于建立电化学装置的分析思路，以及增进对复杂的实际电化学装置的深入理解。

铅蓄电池、镍镉电池、镍氢电池、锂离子电池等多种类型的二次电池都曾被用于或至今仍被用于汽车的动力电池中。如果每种电池都一一讨论，那么在有限的时间内必然无法对每种电池的原理、应用等相关问题进行深入挖掘，所有的分析都只能流于表面，在问题的深度、难度和复杂度上都无法达到高二学生应有的水平。因此，我们决定选出比较重要的、现在仍在广泛使用的三种电池——铅蓄电池、镍氢电池和锂离子电池，并且分为两节课进行学习。

本节课主要涉及铅蓄电池和镍氢电池。铅蓄电池在高一必修 2 中就已经介绍过，在本节课之前学生也已经对原电池的基本原理进行过系统的学习，因此前半节课的主要任务是借助它来构建电化学装置的基本模型，让学生学会将实际装置图或示意图与电化学的基本模型对应起来，并且根据电化学的基本原理进行分析。同时，铅蓄电池作为最简单的二次电池发挥了引出电解池的作用，学生不仅要借助其学会分析二次电池的放电原理，也要能够分析二次电池的充电原理。镍氢电池作为学生不熟悉的电池，则发挥了练习、巩固的作用。后半节课将镍氢电池的装置示意图以信息的形式给出，运用前半节课所建立的分析思路，让学生独立分析得出镍氢电池的工作原理。

以上已经基本上将本节课所需掌握的重要知识、技能进行了教学，但我们还希望课程更加贴近生活，能够让学生更充分地体会所学的化学知识是有用的，是能解决生活中的问题的。因此，我们在介绍汽车动力电池时增加了一个环节，即"比较几种动力电池的性能"，帮助学生从多个维度了解电池的指标参数，了解电池在不断更替和优化的过程中所需要考虑的问题。同时，我们在分析完铅蓄电池和镍氢电池的工作原理后，分别提供了补充资料，并试着去解释在使用它们时经常遇到的问题。如此，本节课基本上能够实现在将书本上的知识落实到生活中的同时，又能进一步巩固相关知识，提升学生的分析能力。

电动汽车的动力电池

吴建军

一、教学内容

1. 教学内容及内在联系

动力电池技术结合了高中选修的化学与社会、化学与技术主题，学生能通过其较为深刻地认识和感受化学原理在技术创新中的价值。

2. 考试说明的教学要求

挖掘提取、吸收与整合化学信息的能力，提高分析和解决化学问题的能力。

3. 教学内容的价值分析

本节课以电动汽车为载体，聚焦汽车中的动力电池技术这个综合性的主题，既与化学学科相关，又可联系生产生活中的真实情境，兼具理论和实际价值。

4. 学情分析

学生已有知识、经验、技能基础：高二学生具备一定的电化学基础，能理解综合了化学原理、技术创新的"动力电池"主题。

学生可能会遇到的困难：动力电池负极、正极和隔膜等化学材料的选择。

5. 教学重点、难点及处理策略

重点难点：理解化学原理在电动汽车动力电池中的技术发展和创新过程中的意义与价值。

教学策略：通过动图呈现、诗词曲赋表演、演示实验、微信视频直播，让学生理解原理在技术中的应用。

二、教学设计

1. 教学目标

知识与技能：

使学生能理解动力电池的原理，体会物质变化平衡和能量转化守恒。

过程与方法：

使学生能运用原理和技术方面已有的知识和能力，对动力电池技术做出分析和评价，进而能感受和认识化学原理在技术创新中的意义和价值，学会挖掘有用的化学信息，进行类比迁移，进而提升解决实际化学问题的能力。

情感、态度与价值观：

使学生关注与化学相关的科学技术、社会经济和生态环境的协调发展，增强社会责任感。

2. 教学过程

教学过程如表 1 所示。

表 1   教学过程

环节	教师活动	学生活动	设计意图
环节 1： 物能守恒， 聚焦电池	汽车动力来源 问题 1：汽车为什么会跑？	根据提供的信息，思考并回答： 1. 通过燃料放热或电池放电，化学能转化为热能或电能，再转化为动能，涉及的反应类型是什么？能量转化的方向、形式是什么？ 2. 如何书写汽油完全燃烧的方程式？需关注什么？	引导学生： 1. 从学生熟悉的汽车出发，理解化学能是汽车的动力来源，化学是中心科学。 2. 理解化学变化中的物质平衡、能量守恒思想。
环节 2： 锂电氢能分析讨论	锂离子电池 问题 2：为什么选择锂离子电池？	根据提供的信息，思考并回答： 1. 电池放电是氧化还原反应，为什么选择碱金属电池？ 2. 一次电池和二次电池的特点是什么？为什么选择二次电池？ 3. 碱金属电池一般不能充电，为什么钠硫电池例外？ 4. 从电池负极、正极的结构和材料角度，分析锂金属电池和锂离子电池的不同点，表现形式是什么？	引导学生： 1. 理解锂离子电池、氢燃料电池的原理及特点。 2. 结合元素周期表，从物质结构角度去分析其性质、反应和用途。 3. 比较国内外动力电池的发展情况，增强社会责任感。

续表

环节	教师活动	学生活动	设计意图
环节2：锂电氢能分析讨论	锂离子电池 问题2：为什么选择锂离子电池？	5. 如何评价电池的性能？锂离子电池的优缺点是什么？当今我国锂离子电池的发展水平如何？	
	氢燃料电池 问题3：为什么选择氢燃料电池？	根据提供的信息，思考并回答： 1. 氢燃料电池的工作原理是什么？有哪些特点？ 2. 我国氢燃料电池的发展水平如何？	
环节3：宏微探究，启发创新	氢燃料电池驱动电扇 问题4：简易氢燃料电池有哪些特点？	根据演示实验，思考并回答： 1. U形管氢燃料电池的创新点是什么？ 2. 想驱动玩具汽车，需要考虑哪些因素？	引导学生： 1. 宏微结合探究，夯实学科基础。 2. 拓宽知识视野，注重交叉创新。

3. 教学思路或教学结构图

(1) 能量转化：化学能→热能/电能→动能。

(2) 锂离子电池：可充电，Li^+穿梭，与锂金属电池不同。

(3) 氢燃料电池：不能充电。

(4) 演示实验：简易氢燃料电池驱动电扇。

三、教学反思

本节课通过"汽车为什么会跑？为什么选择锂离子电池？为什么选择氢燃料电池？简易氢燃料电池有哪些特点？"等四个问题促使学生进行思考。以汽车为载体，聚焦动力电池，理解化学能是汽车的动力来源，化学是一门中心科学，领悟物质平衡、能量守恒的思想；理解锂离子电池和氢燃料电池的原理、特点，理解其结构、性质、反应和用途，进而上升到比较国内外电池的发展，并增强社会责任感。在核心素养层面，更是有助于学生进行宏微结合探究、夯实学科基础、拓宽知识视野、注重交叉创新。

教育的三个境界——授受知识、开启智慧、点化或润泽生命，表现在课堂教学上就是让课堂在授受互动中焕发生命力。化学平衡的重要特征之一是动态，课堂教学本身为动态生成，因此更具生命力。人大附中的化学课堂不是圈养而是游牧，教学不仅是预设的，更是生成的，是在熔铸中外精华，坚持综合创新的师师、师生、生生的动态互动中完成的，教育、教学、教研多元任务同步推进，老师和同学能够在浸润体验中成长。

　　除经验丰富的资深教师之外，中青年教师的专业背景涵盖了各大化学分支。老师们上学时就秉持着博学、审问、慎思、明辨、笃行的理念进行高效的自我管理，走上工作岗位后，延续了讨论中反思、反思中提升的集体备课的优良传统。分组讨论、积极分享这种头脑风暴式的备课本身就是一种润物细无声的教育。优秀是种习惯，卓越的榜样引领着学生前进。开设化学课的初三至高三这四个年级分布在本部（普通高中）、早培（拔尖创新人才早期培养项目）、ICC（国际课程中心）等三个教学项目下，使用普通高中统编教材，融合中外高中或大学内容的自编教材、英美经典高中教材，老师还引导学生充分检索美国化学学会期刊网、Elsevier 期刊网、英国皇家化学学会期刊网、知网学术平台、国内外大学精品课程网、维基百科、You-Tube 等网络资源进行撷英采华、深度钻研。我们选取不同的主题，推出项目式深度学习的"手机中的化学""汽车中的化学"等课例仅仅是冰山一角。

汽车中废旧铅蓄电池的回收

冯姝

我国年废旧铅酸蓄电池约达 300 万吨，大量的废旧铅蓄电池如果直接废弃，不仅对环境造成污染，也是对铅资源的大量浪费。因此，聚焦汽车中废旧铅蓄电池的回收利用，将废旧铅蓄电池中的核心化学成分（铅膏）转化为可再生利用的铅，已成为全球铅金属生产的重要途径（见图 1）。

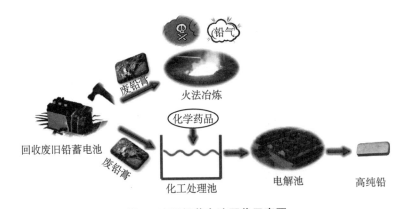

图 1　废旧铅蓄电池回收示意图

一、教学内容

本课内容属于第二次模拟高考前的化工生产专题复习内容，在能力层级发展要求上是高中最高级别的综合应用内容。在这一阶段，《普通高中化学课程标准（2017年版 2020 年修订）》要求学生能系统运用知识和技能解决真实情境中的实际问题，践行社会责任，实现可持续发展。因此，本节课围绕废旧铅蓄电池的核心部分铅膏如何转化为铅，分析回收工艺中每个环节的目的和结果，通过学生与学生之间、学生与老师之间的讨论、归纳、梳理和整理，形成化工生产流程中物质转化的分析视角和分析思路；同时引导学生设计生产流程方案，激发其对化学技术的兴趣，增强其社会责任感，使其体会化学对人类生活和生产所起的重要作用，体会"多、快、好、省"的生产原则。通过高考真题的试做，指导学生在解题过程中提取化学问题，从化学本质上理解并应用"结构—性质—用途"的联系,明确高考题设问角度,形成化工生产流程中物质转化的分析视角和分析思路,形成解决化工生产题的思路和策略。

二、教学设计

1. 教学目标

知识与技能:

(1) 使学生巩固元素化合物的基本知识,准确掌握物质转化核心方程式的书写。

(2) 使学生学会从真实情境中提取化学信息,准确快速地找出流程中的核心反应,分析每个工艺环节的目的和结果。

过程与方法:

(1) 通过讨论、归纳、梳理、整理知识,使学生形成化工生产流程中物质转化的分析视角和分析思路。

(2) 通过生产流程的方案设计,使学生体会"多、快、好、省"的生产原则。

(3) 理论联系实际,使学生明确化工生产题的解题思路和方法,形成解决化工生产题的思路和策略。

情感、态度与价值观:

(1) 通过对科学、技术、社会之间相互关系的了解,激发学生对化学技术的兴趣,增强学生的社会责任感,使其体会化学对人类生活和生产所起的重要作用。

(2) 培养学生理论联系实际的能力,使其会结合生产实际进行信息提取及科学分析。

(3) 在形成解题思路和方法的过程中,帮助学生树立信心,调节好应试心理。

2. 教学过程

教学过程如表 1 所示。

表 1   教学过程

环节	教师活动	学生活动	设计意图
环节 1: 引入	【视频】从视频中可见汽车里的启动电池需要更换。讲述回收废旧铅蓄电池的意义。 【视频】废旧铅蓄电池的回收工艺。 分析电池各部件的回收方法。 【问题 1】如何将回收的铅膏转化为铅?	观看、聆听。 观察、思考:电池各部件(塑料外壳和隔板、废酸、活性填料和腐蚀后的极板)的回收方法。 铅膏成分复杂,需要采用特殊方法进行回收处理。	引入专题复习课内容,从实际应用的视角强化废旧铅蓄电池回收的意义,并形成贯穿性任务。

续表

环节	教师活动	学生活动	设计意图
环节2： 火法冶炼分析	列出火法冶炼常见方法。在高温条件下向铅膏中加入焦炭。 【问题2】火法冶炼中，物质是如何转化的？ 此方法存在哪些优缺点？	任务1：分析火法冶炼制铅过程的物质及反应。 书写 PbO_2 和 $PbSO_4$ 反应方程式。 分析火法冶炼的优缺点。学生回答：优点有工艺简单、还原剂焦炭便宜易得等；缺点有会产生 SO_2 与 Pb 蒸汽等有毒气体。	从简单情境入手，分析简单的物质转化，帮助学生形成物质转化的分析角度。
环节3： RSR湿法工艺分析	【问题3】观察整个流程发生了哪些变化？如何从铅膏中回收铅？ 分析流程，讲述物质转化采用的方法。 【小结】生产核心是核心化学反应，物质转化基于类别反应和氧化还原反应。 【追问】与火法冶炼相比，RSR湿法工艺有哪些优缺点？	任务2：分析RSR湿法工艺中的物质及变化，提炼回收流程。 （铅膏—还原—脱硫—浸取—电解沉积—纯铅） 书写核心物质转化的离子方程式。 聆听、思考、记录。 回答： 优点：污染小，可得到高纯铅； 缺点：步骤多，分离提纯复杂，试剂成本较高。	复杂问题情境下的分析梳理，提取出工艺流程和核心化学反应，体会物质转化的过程和方法，不断应用方法以进一步固化。
环节4： 设计从铅膏到铅的回收方案	【布置任务】利用已有知识和资料信息，设计回收铅的方案，组织学生汇报讨论并评价方案。 【小结】生产实际中物质转化的理念或原则。	任务3：设计从铅膏中回收铅的方案。 阅读材料，设计方案，小组讨论。 组间交流汇报（将设计的方案流程投影呈现出来）。 评价方案。 聆听、思考、记录。	明确化工生产的核心是物质转化，基于类别反应和氧化还原反应来选择试剂，体会"多、快、好、省"的生产原则。
环节5： 总结梳理	梳理高考试题 【小结】复杂体系中化学反应的分析。	高考真题试做。 聆听试题讲解，体会化工生产流程中物质转化的分析思路。	明确高考题设问角度；形成化工生产流程中物质转化的分析视角和分析思路。

3. 板书设计

板书设计如图 2 所示。

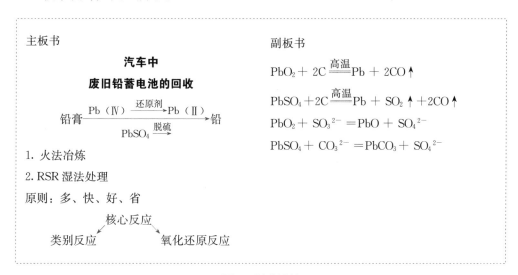

主板书

汽车中
废旧铅蓄电池的回收

铅膏 $\xrightarrow{\quad Pb（Ⅳ）\xrightarrow{\text{还原剂}} Pb（Ⅱ）\quad}$ 铅
$\xrightarrow[\quad PbSO_4 \xrightarrow{\text{脱硫}}\quad]{}$

1. 火法冶炼
2. RSR 湿法处理
原则：多、快、好、省

核心反应
类别反应　氧化还原反应

副板书

$$PbO_2 + 2C \xrightarrow{\text{高温}} Pb + 2CO\uparrow$$

$$PbSO_4 + 2C \xrightarrow{\text{高温}} Pb + SO_2\uparrow + 2CO\uparrow$$

$$PbO_2 + SO_3^{2-} = PbO + SO_4^{2-}$$

$$PbSO_4 + CO_3^{2-} = PbCO_3 + SO_4^{2-}$$

图 2　板书设计

三、教学反思

高三化学总复习时间紧、内容多、任务重，一般采用"老师讲、学生练"的方法，很少有以真实情境为依托的导入环节。实践证明，设计复习内容时结合学生们熟悉的生产生活情境，强化废旧铅蓄电池回收的意义，可以激发学生的学习兴趣，引导学生主动思考，提取出真实的化学问题。系统运用已储备的知识和技能去真正解决情境中的实际问题，这才是化工生产流程的高效复习法。

在进行课堂教学设计时，我们将具体物质转化和分离提纯知识嵌入真实的化工生产情境中，选择设置真实的层层递进的驱动性问题，促使学生不断思考、主动学习，切实提高了课堂教学效率，落实了化学学科核心素养培养。

本节课大部分内容主要由学生讨论完成。通过学生间讨论、归纳，师生共同梳理、整理知识，形成化工生产流程中物质转化的分析视角和分析思路。学生通过小组讨论设计生产方案，再通过组间交流汇报相互评价方案，这非常有利于学生间思维的外显和碰撞。在讨论汇报和评价生产方案的过程中，学生不断思考，主动探究，自主学习发展思维，明确化工生产的核心是物质转化；基于类别反应和氧化还原反应来选择试剂，真正体会"多、快、好、省"的生产原则。

通过高考真题试做，我们指导学生在解题过程中提取化学问题，从本质上理解并应用"结构—性质—用途"的联系，明确高考题设问角度，形成化工生产流程中物质转化的分析视角和分析思路，形成解决化工生产题的思路和策略。

车载电池回收技术

刘俊杰

一、教学内容

基于化学学科的真实情境问题解决是目前评价学生是否掌握基本知识与技能的常见方式，化工生产类问题就是典型代表。本课从真实的化工生产情境出发，在物质变化的基础上强调化工生产原理的分析思路，促使学生运用反应原理知识，从情境和信息中提取问题解决思路，从速率、平衡、能量角度分析外界条件给生产效率、成本以及环境带来的影响，并以此为出发点寻找解决方法，最终形成解决化工生产类问题的基本策略。

考试说明要求学生能将基本理论与具体情境和信息相结合，理解外界条件对化学反应速率的影响；结合具体实例，理解外界条件对化学平衡的影响；认识化学反应速率和化学平衡的调控在生产生活和科学研究领域中的重要作用；了解溶液、pH的调控在生产生活和科学研究中的重要作用。这些内容单独出现或者脱离具体问题出现时辨识度高，学生很容易通过设问结构判断问题的解答方向。但是在化工生产中，真实情境下的问题通常没有明确的指引，信息给出方式也贴近实际图表，需要学生从没有严格规律的图示中获取最关键的信息。

车载铅电池作为应用最广泛的二次电池，其生产、回收过程涉及的物质变化以及生产条件优化是最具有代表性的化工生产问题。这个过程的条件控制对产品的纯度、生产的效率、能量的损耗以及环境都有较大的影响。铅蓄电池作为教材中出现的素材，学生对其并不陌生，但由于其工艺较多、线路较多，相关的情境和素材也较丰富。新型的锂离子电池作为目前新能源汽车的主要储能装置，其优异的放电特点和越来越大的市场需求是目前讨论较多的话题。为了充分利用素材提升学生分析并解决问题的能力，本课从车载电池回收流程中的条件控制出发，回顾物质变化。在建立物质变化关系的基础上，分析影响物质之间转化的因素，从速率、平衡、能量等问题分析视角，根据实际任务要求，主动从影响因素角度寻找调控化学反应的措施，使物质变化过程向"多、快、好、省"的方向发展。

二、教学设计

1. 教学目标

知识与技能：

使学生能够熟练分析真实情境中涉及的反应原理及影响因素，运用速率、平衡、能量等视角分析图表数据，结合任务要求对条件进行控制。

过程与方法：

使学生通过任务驱动、素材阅读、分组讨论以及小组汇报的方式，提升真实情境中多角度分析复杂问题的能力。

情感、态度与价值观：

使学生从化工生产"多、快、好、省"的要求中体会化学在生产生活中的指导作用。在化工生产条件选择过程中增强保护环境、节约能源的意识。

2. 教学过程

教学过程如表 1 所示。

表1　　　　　　　　　　　　　　　　　教学过程

环节	教师活动	学生活动	设计意图
环节1：铅酸电池回收条件的多视角分析	【回顾】总结化工流程中的物质线索。 【任务】铅蓄电池 RSR 湿法回收工艺中"还原"以及"脱硫"条件的控制。 【问题1】为了获得较高的产率，反应时间是否越长越好？ 【问题2】Placid 工艺中还原酸浸步骤涉及的方程式？ 【问题3】改进 Placid 工艺中，两次加入 CaO 的目的分别是什么？	倾听，体会物质线索分析在化工生产题中的应用。 在生产实际图表中选择最合适的还原剂与反应时间。 回答并说明分析思路。 思考反应速率和生产效率之间的关系。从速率、平衡角度分析外界条件的选择。 思考并写出两个相关方程式。 从平衡以及能量两个角度分析两次操作中 CaO 的作用分别为促进脱硫和降低能耗。	使学生能从宏观辨识角度认识化工生产问题的一个方面，提高针对真实图表中的关键信息的解读能力。 从多角度给出材料的分析判断依据。 从宏观物质辨识到微观粒子组成的判断，为后续的讨论做铺垫。 运用物质变化线索指导分析背后的反应原理。

续表

环节	教师活动	学生活动	设计意图
环节 2：复杂问题的独立分析与讨论	锂电池应用以及环境问题介绍。 【问题 4】还原酸浸过程中的主要反应是什么？ 【任务】由提供的图表信息出发，选出最合适的生产条件并说明理由。	倾听并体会 $LiCoO_2$ 回收的重要性。 分析并写出此过程涉及的两个化学反应方程式。 分析图表，列出所选最优条件组合。小组讨论、汇报并说明选择的理由。	使学生体会化学在生产活动中的重要性，巩固化工流程中物质分析的能力。 提高学生从复杂材料中提取关键信息的能力。引导学生从速率和平衡视角进行分析。
环节 3：总结问题解决策略	【问题 5】通过刚才的系列问题讨论，在化工生产过程中，我们可以从哪些角度分析问题？	组织要点，总结化学反应原理在化工生产中的分析思路。	优化化工生产题的解决策略：总结物质变化和反应原理的问题分析方法。

三、教学反思

化工生产是化学学科影响人类社会发展的一个主要环节，物质的生产和能量的提供或消耗都在这个环节中体现得淋漓尽致。在教学过程中，化工生产相关问题的总结设置在元素化合物、化学反应原理等专题的复习之后。此类问题因其紧密联系生产实际，情境真实，考察角度丰富，一直都是考试的常见题型。在此阶段，学生已经掌握了金属、非金属及其化合物的基本性质，对外界因素在速率、平衡等过程中的影响已经有了较好的理解，对常见物质分离的方法有了基本认识；但面临具体问题、陌生情境时，联系已经学习的知识并将其合理运用到化工生产类问题中的解决能力仍需提高。

常规复习课中，所用的实例多从题目角度出发，虽然篇幅紧凑，但是缺少目前"真实情境下问题解决"所需要的陌生感，复习阶段一个主题内的联系相对较弱。为了能够让学生从多个角度分析化工生产问题，在不同层次形成此类问题的解决思路，在备课组老师的帮助下，此节课作为系列课的一节，从原理角度提供解决视角和解题策略。素材也是从多篇文献中选择出来的，以尽可能形成较完整的讨论。在系列课的第一节中，任课老师从化工生产中的物质变化角度分析了产物判断方法以及原理应用的重要性。在第二节课中，本人以"多、快、好、省"作为生产的指导方向，分析外界条件的影响。

化工生产中的条件控制主要针对各步骤中的反应速率、化学平衡、溶液平衡以及化学反应中的能量。在阅读大量文献后，将素材转变为问题的过程也是实现教学目标的过程。

　　汽车作为现代工业发展的一个缩影，涉及材料学、有机化学、电化学等分支。汽车工业发展到现在，混合动力汽车、纯电动汽车的出现缓解了大型城市的空气污染问题。在新材料、新技术的更替中，蓄电池始终作为汽车中必不可少的部件存在。铅蓄电池因结构简单、生产技术成熟、成本低，一直得到广泛的使用。汽车报废也会产生大量废弃铅蓄电池。因此，铅蓄电池的回收有重要的现实意义。

　　很多文献中有关铅蓄电池的内容多只提供生产条件，选择某条件的原因则较少讨论。这需要相关手册和此领域专家的解释来佐证。为了求证一篇文献信息，本人也多次与原文作者联系，讨论数据图表背后的原理。经充分考虑后，最后选择 RSR 湿法和 Placid 两种工艺作为素材来源，讨论生产条件的选择在速率、平衡、溶液平衡、环保等方面的影响。

　　课上的素材呈现尽可能保留了原文献中的图表格式；用附注的形式说明图表中的陌生信息；在学生能力范围内用真实数据表示化工流程中的参数变化，以贴近真实情境。为了让学生在多变量中体会化工生产中的条件取舍，将选取的三个信息比较之后可以发现，最高还原效率对应的条件并不是最优组合。化工生产中的时间成本也是需要考虑的因素。

　　在 RSR 湿法工艺讨论的环节中，可以同时设置问题回顾化工生产中的物质转化关系的判断，例如"两步过滤之前发生的反应方程式如何书写""为何将 $PbSO_4$ 转化为 $PbCO_3$"。课程呈现过程中，为了凸显本节课的主要任务，将类似问题放到了课后思考部分，没有在课上展开。

　　在 Placid 工艺及其改进的讨论中，通过物质的变化分析每一步的操作目的。通过引导学生比较流程之间的差别，从原理角度出发解释"改进"的方面。在落实化工生产中的物质找寻的同时，辨别溶液中平衡的条件影响。

　　环节 2 引入了新能源汽车中电极材料 $LiCoO_2$ 的回收问题。为了增加陌生感，此环节中没有对化工流程图做过多的解释。相关数据也采用文献中的原始图表。通过环节 1 的铺垫，学生开始熟悉化工条件的选择主要围绕任务目标展开的特点。参数选择的思考路径也有较强的指向性。实施此环节的过程中，各个小组讨论的结果并没有统一。通过组间点评的方式引导学生进行交流，不仅听到了之前预设为"错误"条件的选择原因，也听到了意料之外的解释和思考角度。在课堂实施过程中，教师临场点评和导向有时比备课的预期更重要。任务布置以及相关问题链设计之前，教师必须做足功课，素材中相关条件、操作背后的原理和生产实际原因也需要了然于胸。

　　高年级学生在知识储备上已经较为完善，他们已经能从真实情境中提取出具体的问题，能从宏观的条件控制中分析背后的物质性质要求和微观层面的组成变化。

真实情境任务的完成能够调动学生综合思考的能力，通过独立思考、小组讨论、组间点评的方式，让学生深刻体会原理在解决化工流程问题中的指导作用，丰富分析实际信息图像的经验，并在此过程中体会"物质线—原理线"两种问题解决策略。

这节课的准备和呈现过程也是本人学习的一个过程。真实情境的问题解决对学生来说是一个挑战，对教师来说也是一个与时俱进的要求。教师在任何时候都无法"备一节课，用一辈子"。真实情境下的问题一定贴近社会需求。只有不断对自己的知识体系进行更新、整理，才能给学生提供陌生度足够、思维深度适当的情境。

补充信息：

传统铅酸蓄电池极板的活性物质是以金属铅锭生产出以 PbO 为主的铅粉，再经过和膏、涂板、极板化成等多道工序重新制得。若铅膏回收过程的产品为 Pb，还需要经过"Pb 熔融—氧化"或"Pb 球磨—氧化"的工艺获得 PbO。

人工智能保障未来汽车中的气体环境安全

晁小雨

一、教学内容

人工智能是最近十分热门的研究课题。各大中小学响应国务院的通知，积极开设人工智能科普课并进行人工智能进课堂的研究。人工智能可以在很大程度上解放人类的双手，完成更多难度较高、较为烦琐的工作，并在很多工业的发展进程上起到十分关键的作用。人工智能和基础学科的联系十分紧密，例如，化学学科的重要分支计算化学与人工智能的联系十分紧密，计算化学—人工智能系统可以帮助科学家预测某些复杂化合物的合成方法、理化性质和微观结构等。人工智能可以帮助基础学科的前沿科学研究进行方向预测、数据处理等复杂的操作，基础科学的发展也会成为人工智能体系中重要的理论支撑。

因此，初高中化学的很多基础理论知识都已经成为人工智能系统的应用基础。本节课以未来汽车为载体，聚焦未来汽车中使用的人工智能控制系统，围绕化学如何支持人工智能系统的安全性问题进行研究。建议学生在学完初中九年级化学全部内容的基础上学习本节课。本节课既可以作为初中化学的气体专题复习课，又可以作为高中化学的引入课或者活动课，要求学生具备的知识水平层级为初中水平，在本节课前应当已经具备认识身边一些常见物质的组成、性质及其在社会生产和生活中应用的能力，以及能用简单的化学语言描述化学变化和物质变化的能力。

二、教学设计

1. 教学目标

知识与技能：

使学生在学习过程中深化对化学现象与模型之间联系的认识，学会运用多种模型来描述和解释化学现象，锻炼预测物质及其变化的可能结果的能力。

过程与方法：

使学生能发现和提出有探究价值的化学问题，依据探究目的设计并优化实验方案，完成实验操作，对观察记录的实验信息进行加工并得出结论；和同学交流实验探究的成果，提出进一步探究或改进实验的设想。

情感、态度与价值观：

培养学生终身学习的意识和严谨求实的科学态度。

2. 教学重点

分析汽车内气体环境的变化。根据环境的变化设计实验检测气体的浓度，完成实验操作，对观察记录的实验信息进行加工并得出结论。

3. 教学难点

认识到物质的浓度可以影响物质的性质和化学反应的现象。了解人工智能中自动化控制的原理。设计方案对汽车内的密闭气体环境进行检测，并进行验证。

4. 教学过程

教学过程如表 1 所示。

表 1　　　　　　　　　　　　　　教学过程

环节	教师活动	学生活动	设计意图
环节 1：未来汽车情境引入	【提出问题】未来的汽车是什么样的？ 【播放视频】沃尔沃新概念汽车——体验人工智能驾驶。	观看、讨论、回答。 汇报总结得出未来汽车具有的特征，对比未来汽车与现代汽车的显著差别，讨论实现未来汽车的新驾控体验中涉及的安全需求及背后的技术支持。	以未来汽车作为学习材料，引导学生从科学家和汽车设计者的角度思考：人工智能汽车所涉及的安全保障要素，以及化学在其中起到的重要作用。
环节 2：人工智能情境分析、建模	【提出问题】人工智能如何实现人对未来汽车的安全诉求？ 【播放视频】东风 AX7 新人工智能车载电脑广告——对人类要求的即时反馈。	看视频、讨论。 得出人工智能的实现途径需要通过任务的要素化实现，并需要大量数据库的支撑； 建立寻找化学反应的模型——可以通过量化化学性质的方法选择合适的反应原理。	使学生了解人工智能的实现形式，体会建立模型解决难题的方法，掌握并应用化学物质通过化学反应表现化学性质的基本原理。
环节 3：物质能量的守恒分析	【提出问题】行驶中的汽车发生了哪些化学反应？ 得出结论：过程中发生的物质变化有反应物氧气的减少，生成物二氧化碳和水的增加，以及放热反应伴随的温度升高。	思考、书写。 写出汽车中发生的全部化学反应，并分析伴随化学反应发生的物质和能量变化。 进一步讨论简化模型，分析人对汽车内部气体环境的影响，最终得出人的呼吸是引起新概念汽车内气体变化的因素。	使学生初步形成用化学证据推演化学结论的意识，学会认识化学反应与理论模型之间的联系，预测物质及其变化的可能结果。

续表

环节	教师活动	学生活动	设计意图
环节4：实验模拟真实环境	【提出问题】选择什么原理来检测气体的成分变化？ 【分组实验】用 pH 计检测二氧化碳对蒸馏水的 pH 值的影响。	设计实验，操作并记录。 以二氧化碳为例，在老师的引导下选择数据量化的实验方法，测量气体环境中二氧化碳含量的改变。 使用 pH 计模拟检测二氧化碳浓度升高的环境下蒸馏水的 pH 值随时间的变化图像，并记录每2秒水溶液的 pH 值数据。	使学生初步学会依据探究目的设计并优化实验方案，完成实验操作，能对观察记录的实验信息进行加工并得出结论，和同学交流实验探究的成果。
环节5：课后实验设计作业	【提出问题】如何检测氧气含量的变化？	学生课下以小组形式继续讨论设计合理的实验方案。 思考氧元素在不同物质中的价态差异，可以通过检测电子的转移定量测定氧气的浓度。	使学生和同学交流实验探究的成果，提出进一步探究或改进实验的设想。 促进学生形成终身学习和关注与化学有关的社会热点问题的意识。

三、教学反思

本节课通过视频展示的方式，将较为抽象且难以理解的理论进行可视化处理，使学生对人工智能的原理、人工智能在汽车中的应用有更加直观的认识，帮助学生将复杂抽象的问题具象化。本节课将人工智能—汽车—化学进行了比较完整的结合，将学生已经学过的化学理论知识与"汽车"这样的真实情境融合在一起，展望汽车的未来设计，利用人工智能技术加强未来汽车的安全保障，促使学生更深刻地理解化学、技术、社会和环境之间的相互关系，赞赏化学对社会发展的重大贡献。

机器学习的过程其实与人类学习的过程非常相似，因此，看起来抽象的人工智能理论，只要讲解得法，其实学生对它的接受程度是非常高的。由于它的学习反馈和建模思路与学生学习的过程非常相似，学生可以将自己的学习经验应用于机器学习中，根据自己的习惯性学习行为去理解机器学习。这样的课程设计既拓展了教师的知识面，也帮助学生体会到化学的广泛应用及其在科学研究、生产技术领域的重要价值；普及了人工智能与基础学科的关系和人工智能思维方式，让学生了解人工智能在科学研究中的重要作用；将人工智能的思想引入课堂，对学生的未来学习和研究有非常大的帮助。

汽车安全

刘丹

一、教学内容

中学化学课标中关于物质、性质、用途及其关系的相关要求如下：

（1）能基于生活经验和实验事实对物质的性质提出假设。

（2）能体会善于思考、严谨求实、勇于创新、敢于质疑是探究过程中的宝贵品质。

（3）能结合情境利用物质性质解释或分析生产生活中的实际现象，能推测物质的保存或材料使用的注意事项。

（4）能结合科学史实体会严谨求实、不断追问的科学态度。

（5）能从化学变化的角度解释日常生活中的一些化学现象。

（6）能结合情境体会使用合成材料对人和环境的影响，认识新材料开发与社会发展的密切关系。

本节课是在人大附中"拔尖创新人才早期培养项目"（以下简称"早培项目"）中，针对八年级学生开设的研修课"生化联合开发学生用日化产品"中的一节课。本节课以汽车为载体，聚焦汽车中的安全问题，围绕着安全带、保险杠、汽车车体和安全气囊等被动安全装置展开讨论，旨在引导学生在真实情境下理解物质、物质性质以及其与物质用途之间的关系，并将此关系进一步应用于后续的自主实验中，重点希望学生能够意识到学习及研究物质性质的重要性。

二、教学设计

1. 教学目标

知识与技能：

使学生掌握物质、性质和用途之间的相互关系，并能以此为基础分析有关的真实问题。

过程与方法：

使学生学习运用比较、分类、归纳和概括等方法对获取的信息进行加工。

情感、态度与价值观：

以汽车为载体，保持并增强学生对生活中化学现象的好奇心和探究欲望，激发学生学习化学的兴趣，使学生感受并赞赏化学对改善人类生活和促进社会发展的积极作用。

2. 教学过程

教学过程如表 1 所示。

表 1　　　　　　　　　　　　　　教学过程

环节	教师活动	学生活动	设计意图
环节 1：引入	【播放新闻】：汽车相撞，人员没有受伤。 问题 1：什么保护了车内人员的安全？ 播放汽车碰撞测试视频。	根据新闻内容，思考问题，并回答：安全带、安全气囊、汽车车身等。 通过视频验证并完善答案。	引入环节，从学生熟悉的生活情境入手，将图片与视频相结合，引导学生进入本课的学习。
环节 2：汽车安全带的材料	介绍安全带。 问题 2：安全带材料需要具有什么性质？ 【板书】：安全带材料、性质、用途三方面的内容。	根据生活经验和教师的介绍进行回答：延展性好、抗拉伸、抗腐蚀等。 认识合成纤维，初步理解材料、性质、用途三者之间的关系。	从学生最容易想到的安全带入手，让学生尝试分析安全带材料需要具有的性质，并且初步建立材料、性质、用途间的关系。
环节 3：汽车车身的材料	问题 3：汽车车身材料需要具有什么性质？ 再次通过视频和图片引导学生关注保险杠和汽车车体两部分，以及两个部分的不同性质需求。	从两个角度分析汽车车身的性质。 保险杠：能够通过吸收能量保护车内人员和车外行人。 汽车车体：坚硬不易变形，可进一步保护车内人员。	相较于环节 1，因为不同车身部位的需求不同，对性质和材料的要求也不同，让学生进一步感受对于真实情境进行分析和对于性质进行研究的必要性。
环节 4：汽车安全气囊	问题 4：形成安全气囊需要满足哪些条件？ 介绍安全气囊的发展历程。 介绍目前常用以及未来发展的气体发生剂。	尝试猜测形成安全气囊需要材料具有的性质：有大量气体，气体无毒无害，产生速度快，等等。 认识气体发生剂，感受科学技术的发展。	再次应用性质、材料、用途三者间的关系进行理论分析。同时让学生感受科学的本质：暂时性。随着科学研究的深入，材料的使用也会不断改善、更新。

续表

环节	教师活动	学生活动	设计意图
环节5：汽车主动安全系统	以教师亲身经历的爆胎事故以及后续解决方法为例，引导学生思考问题5：除了被动安全装置，还有哪些主动安全系统？ 进行进一步介绍。 播放未来汽车视频。	意识到主动安全与被动安全的区别；根据生活经验提出一些主动安全的例子；感受主动安全的必要性；感受未来汽车与人工智能的关系。	让学生感受主动安全的必要性，了解人工智能在汽车中的简单应用，认识到人工智能已经在我们身边，同时对未来的汽车进行畅想。
环节6：小结	借鉴汽车安全，总结在化学研究过程中学生应当考虑的角度与问题。查阅文献，寻找材料。	将所学内容与自己的研究课题相结合，思考研究过程中需要完善与补充的内容。	回扣本质，对化学的思维方式进行应用和反思。

3. 板书设计

板书设计如图1所示。

汽车安全

材料/物质	性质	用途
合成纤维	抗断裂、耐磨损、抗腐蚀等	安全带
塑料	有韧性，能吸收能量	保险杠
合金 ↓ 高强度钢	硬度大、强度大 密度尽可能小	汽车车体
叠氮化钠 ↓ 硝基胍等	产生气体速度快 无毒、安全性强	安全气囊

文献──物质性质──→自主实验

图1　板书设计

三、教学反思

1. 课程开设背景

第一方面，人大附中早培项目每周会利用两个半天的时间给学生开设研修课，让学生能够选择自己感兴趣的方向，进行知识拓展和深入研究。"生化联合开发学生用日化产品"这门课就是在此背景下为八年级学生开设的一门研修课。学生在一学期的课程当中，对感兴趣的日化产品进行分组，然后完成整个日化产品的开发生产过程（见图2）。在这门课程中，我们希望不是直接教授学生知识，而是教授学生解决问题的方法。在课程实施过程中，我们发现，学生经常会从文献中查找实验方法，但缺少对于物质的分析以及对于物质性质的认识而直接做试验，而且在实验过程中出现问题后也缺少反思。作为老师，特别希望在此方面为学生提供相关指导。

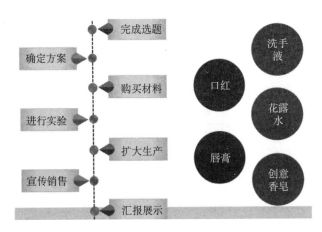

图2　日化产品开发流程图

第二方面，人大附中化学组从2012年起就开始进行同一主题不同层级的教学研究，如"电化学教学研究""手机中的化学"等。实施本研修课时，正值化学组进行"汽车中的化学"主题课程研究阶段。

因此，结合化学组的整体教学设计思路，本节课从汽车这个看起来很"高大上"，但是又非常接地气的素材入手，引导学生对物质、性质和用途以及三者间的关系进行比较深入的理解和应用。

2. 课程实施策略及面临的挑战

由于本节课是前述研修课中的一节，是完全没有教材参考、完全需要自己开创的一节课，所以从最开始打算进行本节课的教学到最后课程的呈现，中间经历了很多的困难与挑战。

第一，对于汽车，我本人的了解并不多，给学生讲之前，自己需要查阅大量的资料。而且汽车内与化学关联的部分特别多，到底选取哪个部分为我所用，我在前期做了大量的筛选工作。在查阅文献的过程中，我逐渐聚焦到汽车安全问题上。以汽车安全问题为主线，可以将比较简单的安全带作为切入点，把物质、性质和用途的思路框架搭出来；然后通过汽车车身、汽车安全气囊等逐步进行探讨，将思路框架应用到实际中。

第二，我们希望本阶段的"汽车中的化学（四）"主题能够与人工智能相结合。因此，在准备阶段如何将化学学习与人工智能相关联也是我反复思考、希望攻克的难关。最终，通过汽车从被动安全到主动安全的发展，让学生简单认识了人工智能；通过对未来汽车的畅想，打开了学生的思路，为未来提供了无限的可能。

第三，在教学过程中，由于很多具体的知识对学生来说都是新的，所以我充分利用多媒体手段，尽量让相关知识可视化。而且在教学过程中，开展了大量的师生之间的讨论，学生可根据用途推测出性质。但是，具体物质层面对学生来说略有困难，于是教师会在恰当的时候给予相关的资料，让学生的想法得到验证，鼓励学生继续思考。

3. 关于课程实施的后续思考

"生化联合开发学生用日化产品"这门研修课每年都会在早培项目的八年级开设。在下一轮教学中，可以对其进行进一步的改善。另外，在本节课内，关于汽车中主动安全的相关介绍还比较肤浅，之后可以适当深入展开，让学生深刻体会人工智能在此方面的优越性。

发动机材料的选择

贺新

一、教学内容

本节内容选自人教版必修 1 第三章第三节"用途广泛的金属材料"和选修 1 第三章第一节"合金",包含认识合金和使用合金两部分内容。《普通高中化学课程标准（2017 年版 2020 年修订）》（以下简称"课标"）对本内容的学习要求如下：知道金属材料,结合实例认识材料组成、性能与应用的联系。课标中还指出：宏观辨识和微观辨析的学科素养要求学生能从原子水平认识物质的组成、结构、性质和变化,形成"结构决定性质,性质衍生功能"的观念,能够从宏观和微观相结合的视角分析与解决实际问题。

本节课以生活中最常见的汽车为载体,聚焦汽车中的金属材料。这是因为,金属材料是汽车中使用最多的材料,既与本节教学内容相关,同时又与社会及生活实际相联系,情境真实,针对性强。本节课通过人工智能领域的虚拟现实技术,让学生利用电脑动手操作,在感受金属和合金微观结构及性能特点的基础上,进一步通过人工智能的现实强化技术加深对汽车发动机工作原理的认识和理解,进而引导学生围绕发动机关键组成部件材料的选择展开讨论,初步建立证据意识,通过分析、推理等方法认识研究对象的特征、构成要素及相互关系,能基于对汽车发动机各组成部件的性能要求提出各部件材料选择的可能依据,建立观点、结论和证据之间的逻辑关系。

二、教学设计

1. 教学目标

知识与技能：
使学生利用人工智能领域的虚拟现实技术,了解金属和合金在微观结构和性能上的主要差异及原因。

过程与方法：
使学生利用人工智能领域的虚拟现实和现实强化技术,在认识金属与合金的微观结构及性能特点的基础上,围绕发动机不同部件的材料选择问题初步建立证据意识，深入理解"结构决定性质，性质衍生功能"的学科思想，提升分析、解决实际问题的能力。

情感、态度与价值观：

使学生在感受化学、人工智能和汽车技术产业三者关系的过程中，体会用化学知识和思维方法解决发动机选材的实际问题，并将人工智能与化学学科融合，提升微观探析与宏观辨识的学科素养。

2. 教学过程

教学过程如表 1 所示。

表 1　　　　　　　　　　　　　　　教学过程

环节	教师活动	学生活动	设计意图
环节 1：引入——认识汽车材料并提出问题	展示图片，讨论汽车的发展方向； 展示汽车的内部结构图。 问题 1：汽车中使用的主要材料是什么？ 讲解：金属材料具有的理化性质和优良的机械性能以及较好的工艺加工性能，使其成为汽车中的主要材料。	学生讨论："安全、经济、绿色、舒适"是汽车的发展方向。 学生讨论并回答：汽车不同部位和零部件使用的材料有金属材料、无机非金属材料、有机高分子材料。	通过真实的情境和丰富的汽车图片，激发学生参与课堂讨论的兴趣。 引导学生从化学材料的视角对汽车材料进行分类。
环节 2：提出问题——认识金属材料的性能差异	给出典型汽车的用材比例，进一步分析提出： 问题 2：汽车中使用大量金属材料的原因是什么？ 讲解：1. 金属的结构及性质；2. 合金及常见类型。（略）	通过人工智能领域的虚拟现实技术，学生在计算机上操作软件，观察、对比纯金属和合金在结构上的差异；通过动手拖动某层金属，感受纯金属和合金在结构特点和物理性能上的差异。	利用人工智能领域的虚拟现实技术，模拟纯金属及其合金的结构性质的微观模型。学生在实际操作过程中了解金属和合金在微观结构和性能上的主要差异及原因。
环节 3：深化问题——发动机关键组成部件材料的选择	观看发动机工作原理的动画视频。 问题 3：发动机材料选择的依据是什么？ 任务：请你来选择发动机的材料（气缸、活塞、气门和连杆）。 通过学案给出资料（材料性能比较复杂，涉及强度、刚度、焊接性、冲击韧性、金属疲劳、热膨胀系数，将这些以资料的形式提供给学生）："生铁、钢、铝合金、硅铝合金、硬铝合金、铜合金、钛合金"的组成成分、性质和用途。（略）	学生观看视频，强化对汽车发动机工作原理的认识和理解，进而引发学生围绕发动机关键组成部件材料的选择进行思考和讨论。 学生参考学案，讨论；依据功能、性质和结构的思路对材料的选择做出分析和回答。 发动机各部件金属材料的选择：气缸用铸铁，活塞用高硅铝合金，气门用耐热钢，连杆用高碳微合金非调制钢。	利用人工智能领域的强化现实技术模拟汽车发动机的工作原理，引导学生进行深层次的思考和讨论。 通过资料分析，学生不仅体会到金属材料的性质在很大程度上决定了其用途，而且提升了接受、吸收、整合信息，进而去分析、解决实际问题的能力，初步树立证据意识，深刻理解"结构决定性质，性质衍生功能"的学科思想。

续表

环节	教师活动	学生活动	设计意图
环节 4： 总结和提升	视频：未来汽车的发展。 总结：化学是材料科学发展的基础。	观看、感受和思考： 金属材料的应用推动了社会的发展和进步。	借助视频，让学生再次感受未来世界汽车的发展，树立正确的价值观。

三、教学反思

必修 1 和选修 1 两部分关于合金的介绍比较基础，本节课尝试生成新的教学思路，聚焦学生问题解决能力和学科素养的培养。此外，本节课以汽车中的金属材料为素材，尝试将人工智能应用于教学过程中，让学生更直观地学习和理解化学原理和模型。

既要融入真实汽车情境，还要满足课标对合金的学习要求，是本次课堂教学生成过程的难点之一。金属材料在汽车很多零部件中都有应用：车身外壳、电气设备、发动机和底盘。发动机是汽车的动力系统，因此其对金属性能的要求也较高；不同部位的功能不尽相同，其中用到的金属材料刚好都是选修 1 涉及的生铁、钢和铝合金。因此，我选择了发动机作为金属材料的学习核心。

如何将人工智能作为课堂学习的辅助手段，是本节课的另一个难点。学生对合金结构的认知是学生理解生活中普遍运用合金的原因。因此，借助虚拟现实和现实强化技术，我与学校通用技术组的老师合作，开发了相关软件。学生在机房上课，可以很容易实现实时操作。同时，将通过虚拟现实强化技术模拟的发动机工作过程作为素材，也产生了良好的课堂教学效果。

车身骨架材料的选择

王珊珊

一、教学内容

本节内容选自人教版必修 1 第三章第三节"用途广泛的金属材料"。《普通高中化学课程标准（2017 年版 2020 年修订)》（以下简称"课标"）对金属材料的要求为：结合实例认识材料组成、性能与应用的联系。本节课聚焦汽车车身骨架，并对其性能和应用进行讨论。

我们通常认为车身骨架就是钢结构，但是骨架的不同部位所用的钢材种类不尽相同，这是为什么呢？因为车身骨架有一个很重要的作用，就是保证驾驶员和乘客的安全。在发生交通事故时，前后的钢骨架可以通过变形吸收碰撞能量，中间部位的钢用来保证乘客的安全。

因此，本节课围绕汽车车身骨架的选材展开讨论：先从安全角度，根据不同部位对钢强度的不同需求选择钢材；进一步结合成本因素对市售车型进行优选；最后从汽车轻量化角度，再次优化车身骨架的选材。本节课将车身金属材料的化学学科学习与人工智能的学习融合，学生运用化学和计算机编程两方面的知识和能力共同解决实际问题。

二、教学设计

1. 教学目标

知识与技能：
针对汽车轻量化的问题，使学生能结合资料，根据材料的特点进行分析与评价。
过程与方法：
使学生在对车身骨架选材、车型优选的过程中提升问题解决的能力。
情感、态度与价值观：
在解决问题的过程中，使学生感受化学学科与人工智能的交叉融合，深入理解结构、性质和用途的联系，形成宏微观结合的学科素养。在对汽车轻量化的讨论中，学生体会到节能减排在生产生活中的重要性，认识到人与自然要和谐发展。

2. 教学过程

教学过程如表1所示。

表1 教学过程

环节	教师活动	学生活动	设计意图
环节1：安全汽车	播放汽车安全碰撞试验视频：为什么汽车被撞坏，但是驾驶员（假人）却可以得到较好的保护？ 问题1：如何选择钢材才能让车身结构（A、B柱，T型梁和前纵梁）更安全？ 提供资料：九种不同车型汽车的A、B柱及T型梁和前纵梁的钢强度数据。	观看视频，分析安全车身的特点。 学生：汽车撞坏后吸收了碰撞的能量，驾驶员才能安全。 从车身功能的角度推测车身的性质： 学生：汽车的吸能区采用有韧性的金属材料，乘坐安全区选择刚性强的金属材料。A、B柱及T型梁需要刚性强的金属，不易变形，前纵梁选择韧性好的金属，可通过形变吸收能量。 学生分析已有车型数据，能够读懂简单分支结构和if与elif语句，对教师提供的计算机代码进行修改，对车身四个部位的钢材做出选择，给出运行结果： A柱选料 HC1200/1500MS B柱选料 HC1200/1500MS T型梁选料 HC1200/1500MS 前纵梁选料 HC550/980DP	汽车的A、B柱和T型梁都是车身骨架中保证安全的关键部位，而汽车的前纵梁是汽车的吸能结构，因此选择了这四个代表部位对骨架的安全性进行讨论。 学生在认识车身骨架不同部位应该采用不同材料的过程中，能够利用性质和用途的关系解决问题，同时能够复习基本的编程语句，综合多种车型的数据后，从安全角度对车身不同部位的选材做出决策。
环节2：经济汽车	问题2：哪一款市售车在车身选择层面实现了顾客价值最大化？ 提供资料：包括不同车型汽车车身骨架的总重，骨架所用的不同强度的钢材所占重量的百分比，以及不同强度钢材的价格。	学生根据公式修改老师的代码，对市售的几款车型进行排序： 学生：排名第一的是日系某C型轿车。如果从高和超高强度的钢用量来看，排名第一的是德系某S车型。	学生通过修改教师提供的数据，可以体会实际选材问题，且需要全面考虑：从安全角度尽可能增加高强度钢的使用；同时要降低价格，才能实现消费者（客户）价值最大化。 客户价值最大化＝$\dfrac{\text{车身安全性能}}{\text{价格}\times\text{车身重量}}$

续表

环节	教师活动	学生活动	设计意图
环节3：轻量化汽车	提供阅读材料。 问题3：设计车身时，还需要考虑哪些因素？ 问题4：为什么选择铝合金可使汽车实现轻量化？	学生：密度小的金属，比如铝合金和镁合金都可以实现汽车轻量化，降低油耗，减轻空气污染。 学生：铝合金制品表面有一层致密的氧化膜，因此车身抗腐蚀性增强，且回收再利用率很高；我国镁资源丰富，可以降低生产成本，从而实现大规模应用；碳纤维只在跑车中应用，成本高，较难推广。	经历以上课堂环节，学生感知到车身安全、车身重量和价格的重要性，只有全面考虑，才能最终实现客户价值最大化。 客户价值最大化＝$\dfrac{车身安全性能}{价格×车身重量}$ 从轻量化的角度讨论，学生形成保护环境、节能减排的意识，培养社会责任感。

三、教学反思

人工智能助力汽车设计，近些年在汽车工业界已有了不同程度的应用。本节课尝试将化学教学与人工智能相结合，共同解决真实的复杂问题。

本节课围绕三个变量逐层深入展开讨论。

$$客户利益最大化＝\frac{车身安全性能}{价格×车身重量}$$

环节1讨论汽车的安全性能，学生需要利用金属材料的性质和用途之间的关系，自主建立问题解决的模型，运用人工智能的手段对车身骨架进行合理的选材。环节2叠加价格因素，提高了问题的综合度和复杂度，学生认识到面对真实复杂问题要综合考虑多种因素进行数据挖掘，并通过修改教师提供的编码，融合多学科知识，共同解决问题，完成优选性价比高的车型的任务。环节3提出相对独立的轻量化问题，学生借此提升环保和减排意识，增强社会责任感。

灯罩材料的选择

陈健伟

一、教学内容

本节课选自人教版选修 5《有机化学基础》的第五章第二节，是在学完高分子基本合成方法和结构特点之后，从"三大合成材料"入手认识合成高分子材料的概貌。"三大合成材料"与学生生活息息相关，因此开展教学活动时应注意联系学生的生活实际，从身边的常见物质入手。本课时内容从与人们生活紧密相关的汽车入手，引入三大合成材料之一的塑料。

本课时为"应用广泛的高分子材料"的第一课时，侧重于让学生了解塑料的分类和主要用途，了解与汽车中的典型塑料有关的聚合物的结构、聚合反应和性能特点。《普通高中化学课程标准（2017 年版 2020 年修订）》要求学生认识塑料的组成和结构特点，了解新型高分子材料的优异性能及其在高新技术领域中的应用。学生在初中初步了解高分子化合物的一般概念，在必修 2 和选修 5 前四章又较深入地学习了常见有机物的结构、性质与用途，通过学习选修 5 第五章第一节，对两类聚合反应（加聚反应和缩聚反应）的一般特点及区别有所了解，已经具备学习高分子化合物的基础。此外，这部分内容与生产生活和科技发展联系紧密，贴近学生的生活，特别是学生往往对汽车比较有兴趣，也更便于理解由此涉及的塑料知识，能够建立"结构决定性质，性质决定用途"的思维逻辑关系。虽然第一课时已经学习了聚合反应，但学生在运用这个知识时还会略显生疏，需要加强训练。

本课时首先根据汽车中各部位使用塑料的情况引入塑料，对塑料的分类情况进行初步介绍；其次根据第一节学习的高分子化合物的聚合反应的特征，让学生对汽车灯罩材料的结构和合成方法有了进一步的了解；最后，引导学生根据高分子的结构和汽车对材料性能的要求来综合选择汽车灯罩材料。整节课将化学课本上的知识与其在汽车中的实际应用相结合，体现了"化学对社会的重大贡献"，突出了"科学精神与社会责任"这一核心素养。

二、教学设计

1. 教学目标

知识与技能：

使学生了解以塑料为代表的高分子聚合物的合成方法、结构性能等特点。

过程与方法：

通过汽车中的灯罩材料选择——聚碳酸酯和聚甲基丙烯酸甲酯两个例子，从材料合成、根据功能选择材料等角度说明塑料的结构、性能和用途之间的关系。

情感、态度与价值观：

根据高分子的结构和汽车对材料性能的要求来综合选择汽车材料，落实"宏观辨识和微观探析"这一核心素养中的"结构决定性质，性质决定用途"。

2. 教学过程

教学过程如表 1 所示。

表 1　　　　　　　　　　　　　　　　教学过程

环节	教师活动	学生活动	设计意图
环节 1： 汽车中有哪些部位使用塑料？	【引入】汽车哪些部位使用塑料？ 【展示】汽车使用塑料材料的部位。	思考、讨论并回答。 回想汽车使用塑料的部位，如车身骨架、车灯灯罩、内饰、外饰等。 观看、了解汽车中大量使用塑料这一事实。	引入真实情境以贴近生活，使学生体会以塑料为代表的高分子材料在生活中的大量应用。
环节 2： 为什么大量使用塑料？	【问题 1】为什么大量应用塑料？ 【过渡】展示塑料加工的视频。 【追问 1】为什么部分塑料可以回收利用？ 【追问 2】塑料的性质和用途之间的关系是什么？	倾听、思考并回答：塑料的优异特征。 观看，了解塑料。 回答：塑料可以分为热塑性塑料和热固性塑料两类，热塑性塑料可以回收利用。 回答：性质对用途的决定关系。	从用途角度反推塑料的性质。 引出热塑性塑料和热固性塑料的概念。 使学生体会性质和用途的决定和反映关系。

续表

环节	教师活动	学生活动	设计意图
环节3: 汽车灯罩材料的选择	【铺垫】汽车前后灯在功能上的异同。 【问题2】如何选择汽车的灯罩材料? 【追问1】能否合成两种材料? 【过渡】展示聚碳酸酯(PC)材料的合成视频。 【追问2】将聚碳酸酯(PC)用作汽车前灯灯罩材料会有哪些问题? 【追问3】如何提升PC材料的性能?	分组讨论、思考,并总结:汽车前灯的主要功能是照明,而后灯的主要功能是作为信号灯。 思考并回答:从材料用途的角度选择材料。 回顾、思考:根据单体,聚甲基丙烯酸甲酯(PMMA)通过加聚反应合成,聚碳酸酯(PC)为缩聚反应合成,并写出方程式。 观看、理解合成聚碳酸酯(PC)缩聚反应的原理。 阅读并回答:将聚碳酸酯(PC)材料应用于实际还需要进一步的优化。 阅读,得出结论:聚碳酸酯(PC)材料性能的提升需要添加加工助剂。	体会功能对材料性质的反映关系。 培养学生应用学过的具体知识解决问题的能力,提升理论与实际的结合程度,激发学生的学习兴趣。 锻炼学生提取信息的能力。 巩固高分子聚合物的合成方法。 利用课本知识为学生解决实际问题提供思路。
环节4: 聚碳酸酯(PC)的改性	【铺垫】添加剂ABS由丙烯腈(A)、丁二烯(B)、苯乙烯(S)三种单体共聚而成,其结构简式为? 【问题3】为何可以向聚碳酸酯(PC)中添加ABS?	倾听、思考并写出添加剂ABS的结构。 阅读、思考并回答:添加剂ABS的优缺点与聚碳酸酯(PC)互补。	引出结构对性质的决定关系。 确定结构、性质与功能之间的关系。
环节5: 小结	【总结】结构、性质和用途之间的关系。	跟随老师的思路回顾本节课,并对结构、性质与用途三者之间的关系进行总结。	落实核心素养中的"结构决定性质,性质决定用途"。

3. 板书设计

板书设计如图1所示。

灯罩材料的选择

一、塑料及其特征

密度小、易成型、稳定性好、价格可控等。

二、灯罩材料的选择

三、聚碳酸酯(PC)的改性

结构 ←——→ 性质 ←——→ 用途

图1 板书设计

三、教学反思

本节课以汽车灯罩材料的选择这一实际应用为依托，重点揭示了高分子化合物的结构、性质和功能之间的关系，并复习了合成高分子化合物的相关知识。在"汽车中的化学"这一大的课程体系下，结合高二有机化学的知识，课程选择汽车中使用最多的材料塑料这一课本中的知识点作为载体，尝试将课本知识与学生熟悉的生活知识联系在一起。在开始设计课程时，本打算在本节课中对汽车中的塑料材料进行整体的介绍，认为这样更全面一些，学生也能了解得更多，但是在备课的过程中发现这样做会带来以下几个问题：

（1）知识面太广，不容易在课本上找到相对应的知识点；对学生的知识水平要求也过高，不符合因材施教的原则。

（2）讲得太多必然会造成对知识讲解的深度不够，很容易上成一节科普课，而这样的话给学生发学习材料可能比上课更合适。

（3）与塑料相关的知识体系过于繁多，仅用一个课时讲解塑料可能会讲得比较笼统。

在搜集汽车中的塑料相关知识的时候，我发现汽车上不同功能的灯的灯罩材料竟然也不相同，这与有机化学的性质与用途之间的关系不谋而合。因此，我决定以灯罩材料的选择为主线，向学生讲解教材上与塑料有关的知识。

最初的教学设计分为三个环节：环节 1 是通过展示汽车中的塑料材料，并直接提问汽车中为什么会大量使用塑料，据此介绍塑料并归纳其特征，引出高分子材料的晶区和非晶区。环节 2 是直接给出聚碳酸酯（PC）和聚甲基丙烯酸甲酯（PMMA）两种材料的性质对比表，让学生为汽车前后灯灯罩选择合适的材料，并给出聚碳酸酯·（PC）和聚甲基丙烯酸甲酯（PMMA）两种高分子的单体，让学生尝试去合成两种材料。环节 3 是通过信息材料，展示聚碳酸酯（PC）材料的结构可能带来的负面效应，并据此引入添加剂 ABS，给出添加剂 ABS 的聚合物结构，让学生尝试写出其单体。

经过反复讨论，发现上述方案过于直接，没有给学生预留缓冲时间。每个环节的问题过于单一，环节之间没有递进关系。如环节 1 直接提问汽车中为什么会大量使用塑料，学生虽然也能通过联想性质与功能的关系来回答，但比较费时。在总结汽车中使用的塑料的过程中，学生更容易联想到汽车部件的功能和塑料性质之间的关系，从而更容易通过功能获悉塑料的相关性质。此外，高分子材料的晶区和非晶区并不是重点知识，而作为重点知识的热塑性塑料和热固性塑料并没有体现。调整之后，在学生总结完塑料的特征之后，进一步追问为什么只有部分塑料可以回收，从而引出热塑性和热固性的概念，这样环环相扣，更加自然。环节 2 如果直接让学生选择汽车的前后灯灯罩的材料，学生刚开始会感觉无从下手。而让学生先比较汽车前灯和后灯的功能差别，据此再让其选择前后灯灯罩的材料，这就给学生解决问题搭了一个梯子。选择完材料之后，如果要获得材料，再引出高分子合成的知识就顺理成章。理论知识在实际应用中并不能直接解决问题，往往还需要进行一些调整。因此，在塑料材料应用的过程中提出塑料的概念（并不是纯高分子，还需要加入一些加工助剂）就很有必要，这也同课本知识加强了关联，同时也自然地引出环节 3。在环节 3 中，引入添加剂 ABS，引导学生从结构、性质的角度说明为什么选择添加剂 ABS。在通过添加剂 ABS 聚合物写出单体时，由于进度原因，学生还没有学习由聚合物到单体的转变方法，因此改成训练学生根据单体写出共聚高分子结构简式的练习。

整堂课以结构、性质和功能之间的关系为主线，并简要介绍了塑料、热塑性和热固性以及高分子化合物的合成等课本知识，从逻辑上环环相扣，一气呵成。

橡胶在汽车中的应用

何谷

一、教学内容

"有机高分子材料"在《普通高中化学课程标准（2017 年版 2020 年修订)》（以下简称"课标"）中属于选择性必修课程主题 3.3 "合成高分子"，课标对其的要求为：认识塑料、合成橡胶、合成纤维的组成和结构特点，了解新型高分子材料的优异性能及其在高新技术领域中的应用。

本节内容为人教版选择性必修 3 第五章第二节"高分子材料"的第一课时，学生需要在本课时了解高分子合成材料的分类及主要用途，了解聚合物的结构与性能之间的关系。

本节内容是在学完高分子基本合成方法和结构特点之后需要学习的，此时学生已经知道三大合成材料——塑料、橡胶和纤维都可以是聚烯烃材料。塑料、合成橡胶和合成纤维是人类 20 世纪的伟大成就，也是高分子化合物发展的重要成果。以塑料、合成纤维、合成橡胶为代表的合成高分子材料给社会和人们的生活带来了巨大的变化，但是学生对它们的了解十分有限。学生可能会简单认为塑料和橡胶的区别是橡胶的分子链上有双键，塑料的分子链上没有双键。那么，为什么引入一个双键就会使聚合物的性质有如此之大的差别呢？本节课以此为切入点，以汽车为载体，聚焦应用于汽车中的橡胶材料，围绕"结构—性质—用途"的联系，深入学习有机物的结构是如何决定其性质和用途的。

二、教学设计

1. 教学目标

知识与技能：
使学生了解塑料和合成橡胶的结构特点，理解结构、性质和用途之间的关系。
过程与方法：

结合物质结构、性质和用途之间的关系，分析和解决不同高分子材料在汽车中的实际应用问题。

情感、态度与价值观：

通过宏微观结合，使学生从本质上理解并应用"结构—性质—用途"的联系，指向"宏观辨识与微观探析"这一化学学科核心素养；能感受高分子材料在生产生活中扮演的重要角色，并根据实际生产对聚合物性能的要求设计高分子的结构；增强将化学知识应用于生产生活和科学技术的意识和社会责任感。

2. 教学过程

教学过程如表 1 所示。

表 1　　　　　　　　　　　　　教学过程

环节	教师活动	学生活动	设计意图
环节 1：引入	【引入】橡胶在汽车中有哪些应用？汽车的哪些零部件用到了橡胶材料？	思考、讨论并回答问题。	学生给出的答案中必定有些是橡胶，有些是塑料。这说明学生并没有真正了解塑料和橡胶的区别，由此引出本节课的内容。
环节 2：塑料和橡胶的区别	问题 1：塑料和橡胶有哪些区别？ 【提问】为什么塑料和橡胶都是聚烯烃材料，但性能却有很大差异？能否从分子结构的角度进行解释？ 【讲解】高分子链上一般都存在单键，单键可以绕键轴旋转而不影响键的强度。常温下聚乙烯分子链上的碳碳单键会发生旋转，使它呈不规则的卷曲状。 【追问】如何改变分子链的柔性？ 【讲解】主链单键的键长、键角对柔性都有重要影响。 【讲解】减少主链的取代基会增强分子链的柔性。	通过对比聚乙烯的分子链和聚异戊二烯的分子链，学生发现橡胶的分子链上有碳碳双键，而塑料的分子链上没碳碳双键。 倾听、领悟、认知。理解当有外力作用时，卷曲的高分子可以被部分拉直；除去外力后，高分子又恢复卷曲状态，因此高分子化合物都具有一定的弹性（柔性）。 倾听、领悟、认知。思考，讨论并针对问题提出自己的见解。 学生得出结论：如果分子链上含孤立双键，碳碳键的键角从 $109.5°$ 变为约 $120°$。键角的张大会促进分子链的旋转，从而增强分子链的柔性。 学生得出结论：孤立双键的存在使取代基的数量减少，使分子链的柔性显著增强。	引入分子刚性和柔性的概念。使学生理解塑料和橡胶的区别是分子链的柔性不同。增强分子链的柔性，可以使高分子成为橡胶材料；增强分子链的刚性，可以使高分子成为塑料。 通过宏微观结合，使学生从本质上理解并应用"结构—性质"的联系。指向"宏观辨识与微观探析"这一化学学科核心素养。 归纳总结出影响分子链柔性的因素。

续表

环节	教师活动	学生活动	设计意图
环节3：天然橡胶与橡胶材料	问题2：如何使天然橡胶成为橡胶材料？ 【讲解】方法一：人工合成，增加分子量。 【追问】高分子量的"天然橡胶"仍不能满足汽车轮胎的使用要求，如何从结构角度出发进一步改良橡胶的性能？ 【讲解】方法二：引入侧链取代基。 【观看】观看模拟聚乙烯和聚苯乙烯的分子链转动的动画。 【讲解】引入极性基团也可以增强高分子的刚性，而且取代基极性越强，刚性越强。 【追问】还有什么方法可以增强分子链的刚性？ 【讲解】方法三：通过交联增强分子链的刚性。	思考、讨论并针对问题提出自己的见解。 根据直链烷烃的熔点和沸点随碳原子数变化的趋势图，学生得出结论：增加分子量可以使液态橡胶变为固态橡胶。 倾听、领悟、认知。 观看动画，思考、讨论并得出结论：高分子的侧链取代基越大，分子链的转动越困难，分子链的柔性越差。 倾听、领悟、认知。 学生通过回忆体型结构的酚醛树脂，能够想到橡胶也可以通过交联的方法增强其刚性；了解到橡胶的分子链上仍有碳碳双键，可以在硫的作用下发生交联反应，得到硫化橡胶。	天然橡胶的分子链柔性过强，导致其并不能直接作为材料使用。如何改性天然橡胶，使其成为可以使用的材料？通过宏微观结合，使学生从本质上理解并应用"结构—性质—用途"的联系。 利用人工智能的手段加深学生对高分子微观结构的理解。 使学生了解丁苯橡胶和改性后的天然橡胶在轮胎、离合器摩擦片、制动摩擦片和胶带中的应用。 使学生了解丁腈橡胶在油管、O形密封圈中的应用，了解氯丁橡胶在胶带、门窗嵌条中的应用。 通过宏微观结合，使学生从本质上理解并应用"结构—性质—用途"的联系。
环节4：提高橡胶的抗氧化性能	【引入】聚烯烃橡胶中含有大量双键，这使得橡胶的抗氧化性能较差。 问题3：如何提高橡胶的抗氧化性能？ 【讲解】碳原子上的两个取代基相同，称为对称取代。发生对称取代时，分子链的旋转会变得相对容易。 【追问】根据键长、键角、取代基数目对分子链柔性的影响，还有什么方法既	学生能够理解提高橡胶的抗氧化性能要尽可能消除双键，但完全消除双键又会使分子链的刚性过强，使其变为塑料。 倾听、领悟、认知：对称取代分子链的柔性远强于相应的单取代分子链的柔性，如丁基橡胶。 思考、讨论并提出自己的见解：用Si、O原子代替主链的C原子，既消除了双键，又增加了键长、键角，还减少了取代基，使得硅橡胶既能有很好的抗氧化性能，又能有很好的柔性。	通过设计分子结构，如何能做到既没有双键，又可以保留其柔性？ 了解丁基橡胶、硅橡胶在汽车中的应用。从本质上理解并应用"结构—性质—用途"的联系，指向"宏观辨识与微观探析"学科核心素养。能体会高分子材料在生产生活中扮演的重要角色，并根据实际生产对聚

续表

环节	教师活动	学生活动	设计意图
环节 4： 提高橡胶的 抗氧化性能	能消除双键，又能保留高分子的柔性？ 【讲解】三元乙丙橡胶的结构。 【追问】三元乙丙橡胶的结构特点决定了其应该具有哪些性质？	倾听、领悟、认知。 学生能够理解三元乙丙橡胶是乙烯、丙烯和非共轭二烯烃的三元共聚物。因二烯烃具有特殊的结构，使其只有一个双键共聚，另一个双键只会成为边侧链，进而发生交联反应。	合物性能的要求设计高分子的结构。增强将化学知识应用于生产生活和科学技术领域的意识。 了解三元乙丙橡胶是化学学科的科研服务于人类社会发展的新进展的体现，并且已应用于汽车中。
环节 5： 小结	【总结】结构、性质与用途之间的关系。	总结得出：结构决定性质，性质决定用途。	通过宏微观结合，从本质上理解并应用"结构—性质—用途"的联系，指向"宏观辨识与微观探析"这一化学学科核心素养。

3. 板书设计

板书设计如图 1 所示。

橡胶在汽车中的应用

一、塑料和橡胶的区别

二、如何使天然橡胶成为橡胶材料

1. 增加分子量

2. 引入极性基团

3. 交联

三、如何提高橡胶的抗氧化性能

图 1　板书设计

三、教学反思

在做完"汽车中的化学（三）"的系列课后，我就在思考如果有机会希望能在系列四中开设一节和有机物相关的课程，因为我认为在数量上占压倒性优势的有机物在生产生活中的应用更加广泛。而在选修 5 中，我很早就将"应用广泛的高分子材料"作为课程设计的唯一对象。合成塑料、橡胶和纤维是 20 世纪人类的伟大成就，也是高分子化合物发展的重要成果。以塑料、合成纤维、合成橡胶为代表的合成高分子材料给社会和人们的生活带来了巨大的变化，但是学生对于它们的了解却十分有限。把课本上的知识点和实际生活联系在一起，让学生切身体会到自己学习的知识"真的有用"，是本课最根本的设计意图。

最初的教学设计并不是前文所呈现的样子，更多的是如何去合成汽车中应用的那些橡胶材料。那更像是一节有机合成线路图的总结课，而没有和汽车主题相联系，更没有围绕着"结构—性质—用途"的联系展开设计。

对于塑料和橡胶的区别，学生会简单地认为橡胶的分子链上有双键，塑料的分子链上没双键。那么，为什么引入一个双键就会使聚合物的性质有如此之大的差别呢？

为了解决这个问题，首先要了解化学键的性质和高分子链的形态。高分子链上一般都存在单键（σ键），单键可以绕键轴旋转而不影响键的强度。常温下，聚乙烯分子链上的碳碳单键会发生旋转，使它不可能呈一条直线，只能呈不规则的卷曲状态，许许多多的聚乙烯分子纠缠在一起好像一团乱麻。当有外力作用时，卷曲的高分子可以被拉直或者被部分拉直；除去外力后，高分子又恢复到卷曲状态，因此高分子化合物都具有一定的弹性（柔性）。简单地说，容易被拉直的高分子链柔性强，不容易被拉直的高分子链柔性弱。主链单键的键长、键角对柔性都有重要影响。

学生通过对比聚乙烯的分子链和聚异戊二烯的分子链，可以看到橡胶的分子链上有碳碳双键，而塑料的分子链上没有碳碳双键。如果分子链上含孤立双键，主链碳之间的键角会从 109.5°变到约 120°；如果含有孤立三键，键角会变成 180°。键角的张大将会促进高分子链的内旋，使高分子链的柔性增强。

因此，从结构上讲，塑料和橡胶的区别就是高分子链的柔性不同。增强分子链的柔性，可以使高分子成为橡胶材料；增强分子链的刚性，可以使高分子成为塑料。

但聚烯烃橡胶中含有大量双键，这使得橡胶的抗氧化性能较差。要提高橡胶的抗氧化性能，就要尽可能消除双键，但完全消除双键又会使分子链的刚性过强，失去橡胶的特性。因此，如何提高橡胶的抗氧化性能成为下一个学习任务要解决的问题。改变了有机物高分子的结构，就改变了它的性质，而性质决定了它的用途。

经过反复讨论，本课最终所呈现的课程设计从单纯的有机合成路线变为"结构—性质—用途"的关系，即"有机物高分子的结构决定了它的性质，性质又决定了它的用途，根据人们对性能的新需求，可以反过来去设计新的结构"。而汽车中应用的、刚柔并济的、不断改进的橡胶材料，就是化学学科的科研服务于人类社会发展的一个缩影，这样的教学设计既做到了学以致用，又落实了"宏观辨识与微观探析"的化学学科核心素养。

汽油的故事

谷建勤　Bob Stanley

一、教学内容

本节内容源自化学国际课程（IBDP）：选修 C—能源，C2—化石燃料。本节内容以汽车为载体，聚焦汽车中的燃油问题，围绕石油分馏、汽车燃油馏分选择、汽油辛烷值、汽油催化重整等问题展开，教师和学生一起绘制一幅生产高品质汽油的工业流程画卷，并对"能源"这个社会热点问题展开深入学习和思考。

二、教学设计

1. 教学目标

知识与技能：

使学生理解化石燃料的使用在科学和技术的发展中发挥了关键作用；理解原油是复杂的烷烃混合物，使用前需要精炼分馏；理解燃料自燃导致汽车发动机"爆震"的趋势与分子结构有关，可通过辛烷值来测量；理解裂解和催化重整反应提高了烃类作为燃料的性能。

过程与方法：

通过人工智能之机器学习的引入，加强学生的数学优化和逻辑推演能力；通过有机分子模型的使用，增强学生的模型认知能力，并强化学生的宏观辨识和微观探析核心素养。

情感、态度与价值观：

通过汽车这一实物提供的真实情境，使学生掌握分析问题、解决问题的能力；通过学习汽油这一燃油实例，使学生学会辩证综合地看待问题，形成科学态度、创新精神，增强社会责任感。

2. 教学过程

教学过程如表 1 所示。

表 1　　　　　　　　　　　　　　　　　教学过程

环节	教师活动	学生活动	设计意图
环节 1： 情境导入	【调查】家用车主要是燃油车还是电动汽车？统计学生的答案。 【提问】汽油的来源。 【展示】不同链长的烷烃模型，为什么石油的各个组分可以通过分馏的方法分离？ 【展示】石油分馏组分及用途。 【提问】为什么是 C‑8 这个馏分被选作燃油，而不是更轻或更重的组分？ 【播放视频】汽油在内燃机中的工作流程。	【回答】汽油车是目前大多数家庭家用车的第一选择。 【回答】根据已有知识回答汽油是石油的一个馏分。 【回答】分子量不同，分子间作用力也不同。 烷烃是非极性分子，分子间作用力为范德华力。电子数量越多，分子间作用力越大，熔沸点越高。 【记录】不同的馏分有不同的用途。 思考问题。 观看视频，结合真实情境思考问题。	通过市场调查，直接切入主题。 通过分子模型的展示复习石油的组成和分离原理。 通过视频直观化教学模拟真实情境，引发学生思考。
环节 2： 头脑风暴	【组织讨论】结合视频，选择内燃机燃油时应考虑哪些因素？ 【组织讨论】提供碳原子数量 1~20 的直链烷烃的基本物理和热力学数据，引导学生进行数据分析并得出结论。 分组指导学生工作，组织学生展示，并对学生的展示进行点评、总结和升华。 【概括结论】目前汽车燃油主要集中在 C5 到 C10 的馏分是经过实际情况筛选而得的。	【头脑风暴】学生结合视频和自己的理解，得出需要考虑的因素有：热值、稳定性、燃烧效率、挥发性、产生的汽车尾气等因素。 【小组合作】学生三人一组，共分为三个小组，互相探讨、分工合作，利用数据进行分析，寻找解决问题的方案。 【小组汇报】 小组 1：通过盖斯定律利用标准生成焓计算烷烃的燃烧热，并绘制烷烃的燃烧热、沸点随碳原子个数增加的变化曲线，得出结论。 小组 2：用键能的数据同样得到烷烃的燃烧热和碳原子个数的关系，并在小组 1 的基础上补充自燃温度和碳原子个数关系的曲线。 小组 3：在上述两个小组讨论的基础上，增加了在汽车发动机中汽油比对燃烧效率以及所产生的汽车尾气的影响。 通过小组的讨论展示，比较全面地回答了教师的问题。	启发学生根据具体问题的实际需求多角度思考问题。 结合学生已有的信息技术知识，开启人工智能—机器学习部分。 锻炼学生的合作、逻辑分析、推理以及表达能力。

续表

环节	教师活动	学生活动	设计意图
环节3：知识梳理	【提问】人们对汽油的需求大，而其在石油组分中含量少，如何得到更多的汽油？ 【组织讨论】每个小组面前有一个 $C_{16}H_{34}$ 的长链烷烃模型，试着通过自己的理解将其分解。 【组织展示】用方程式和模型的方式展示 $C_{16}H_{34}$ 的分解产物。 【讲述】石油分馏后的进一步加工过程——催化裂化和裂解。	【回答】可以将长链烷烃砍断。 【学生活动】尝试将 $C_{16}H_{34}$ 长链烷烃模型分解，并用化学方程式的形式表达出来。 【小组展示】三个小组写出了三个完全不同但均正确的方程式，并总结了此反应的特点：产物可以有两个或多个，产物中存在烯烃。 【学习】阅读知识卡片，对比分析石油催化裂化和裂解的区别，完成作业。	需求驱动的石油加工过程，培养学生的社会责任意识。 通过模型辅助教学，掌握科学本质，培养学生的创新思维。
环节4：知识拓展	【提问】加油站显示的不同的汽油编号代表什么，如何选择？ 【讲述】汽油燃烧时的爆震现象及辛烷值的测定和意义。 【提问】展示不同烷烃、烯烃的辛烷值，启发学生寻找规律。 【组织活动】指导学生利用分子模型大胆重组得到高品质汽油，并展示成果。	【回答】提出辛烷值、汽油品质等概念。 【学习】系统学习了汽车内燃机的工作步骤、爆震现象对汽车的影响、辛烷值的定义和计算方式。 【回答】根据已有数据得出结论：高辛烷值的燃料需要带支链、环化、苯环化、引入双键。 【学生活动】结合环境因素以及汽油稳定性因素，要得到高品质汽油，主要是将直链烷烃支链化和环化。	在学生已有的认知基础上进一步深化，结合生活中的实际问题，培养学生的科学探究和创新意识。 数据学习。 利用模型辅助教学，培养学生的创新能力。
环节5：总结提炼	【组织展示】结合学生实例，讲述汽油催化重整的工业过程。 【讲述】工业过程和大家的改装类似，主要通过异构化、脱氢、烷烃化等过程制备高品质汽油。 【总结回顾】回顾整节课，完成学案：如何从石油原油开始得到高品质汽油。	【小组展示】展示高品质汽油的改装成果。 有的小组以异构化为主，有的小组以脱氢为主。 【学习】将小组的模型探讨过程转化为化工过程和化学方程式。 【记录】完善个人学案。	用流程图的方式总结教学内容。
环节6：小结	【总结拓展】汽油是不可再生资源，因此寻找合适的新能源是全球的热点问题。结合今天的学习思考：内燃机用乙醇汽油有哪些优点和缺点。	【作业】辩证地分析和思考问题，结合汽油选择的例子，进行深入的数据分析和推导。	推进人工智能机器学习的深入应用。 培养学生的科学态度和社会责任感。

3. 板书设计

板书设计如图 1 所示。此图为国际课程实录，所以保留英文形式展示。

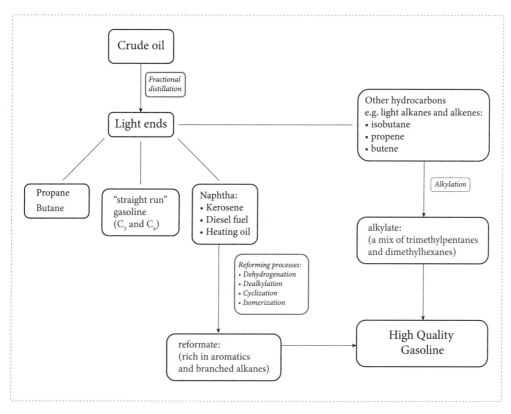

图 1　板书设计

三、教学反思

2018 年 12 月人大附中化学教研组开展的"汽车中的化学"，基于同一主题的深入学习，迎来了第四期"人工智能视野下的未来汽车"。什么是人工智能，什么是汽车的基本组成和工作原理，都是我们需要学习和思考的问题。在全组老师一起学习研讨了人工智能大概念、汽车的各个组成部分后，我们着力寻找切入点和落脚点，旨在使选题既符合学生的认知能力，又符合未来人才的培养需求。最终，我们选择了以国际课程化学选修课能源部分为依托，以内燃机燃油为主题，以人工智能机器学习和分子模型的探究为途径，解析高品质汽油来源的工业过程，旨在启发学生综合辩证地分析问题，为探求未来新能源培养科学的学习方法。在本次课程设计中，以下三个方面令人感触很深：

（1）中外融合。第一个融合是国际课程和国内新课标教学内容的融合。通过国际课程的内容载体，深入思考践行化学学科核心素养的培养。第二个融合是中外教师的融合。此次授课是谷建勤和鲍勃（Bob）共同设计，对象是一群即将走向国际大学的中国学生。教育理论家维果茨基说过，认知发展因文化而异。由中国本土化教师和国际教师组成的团队在教学中产生了强大的协同效应，使学生受益匪浅。

（2）人工智能大概念的尝试。安德烈亚斯·卡普兰（Andreas Kaplan）和迈克尔·亨莱因（Michael Haenlein）将人工智能定义为"系统正确解释外部数据，从这些数据中学习，并利用这些知识通过灵活适应实现特定目标和任务的能力"。本课程在设计中充分利用了人工智能的大概念，为学生提供了丰富的数据信息；学生利用数据分析软件，结合不同的实际因素，如燃油热值和废气排放等，找出最适合用作汽油的石油馏分。学生在学习了辛烷值之后，结合分子模型，采用数据处理的方式使这些碳氢化合物构成高质量的汽油。由此构建模型，为探索新的燃油提供了很好的借鉴意义。

（3）关注能源工业问题。《普通高中化学课程标准（2017年版2020年修订）》化学学科基本理念3中指出，选择体现基础性和时代性的化学课程内容。结合人类探索物质及其变化的历史与化学科学发展的趋势，引导学生进一步学习化学的基本原理和方法，形成化学学科的核心观念；结合学生已有的经验和将要经历的社会生活实际，引导学生关注人类面临的与化学有关的社会问题，培养学生的社会责任感、参与意识和决策能力。本节课的设计以已有的石油化工为基础，寻求探究可替代的新能源，这是对此课标内容的一个尝试。

本节课落实了"以素养为本"的教学，通过教学内容的结构化设置，创设真实问题情境，引入机器学习数据分析等方法，开展化学模型的探究等活动，激发学生对科学的探究兴趣，促进学生学习方式的转变，培养学生创新精神和实践能力。

后 记

"汽车中的化学"系列研究课始于 2016 年，人大附中化学教研组受邀参与北京教育学院张莉娜老师负责的"北京市中小学生科学素养发展水平的评价研究"教育科学规划课题以及"PISA 视域下的科学教学与评价"教师专题研修项目。本系列研究课是指向化学核心素养的深度教学实践，涉及汽车中的材料、汽车的动力、尾气污染与控制及汽车未来的智能发展等内容，使学生置身于真实且能挖掘出不同层次深度的各种"汽车"相关问题的情境中，着眼于化学知识在汽车中的应用，着力于学生思维、能力和品格的培养，使学生化学核心素养得到切实发展。

本书的编写集中反映了人大附中化学教研组近十年课程改革的成果，"汽车中的化学"这个主题展示的每一节课都是老师们查阅和研习大量资料、精心设计每一个问题和活动、通过一轮轮试讲和讨论打磨而成。尽管上课的老师只有二十几位，但这套系列研究成果凝聚了人大附中化学教研组全组老师的集体智慧。

我们感谢北京教育学院和市区化学教研室的专家、老师对本书课例提供的帮助与指导，感谢为本书课例提供相关学科知识帮助的人大附中物理、生物、信息技术等教研组。

我们感谢所有对本书的编写、出版、插图绘制等提供帮助与支持的同人和朋友。

我们相信，本书一定能带给读者不一样的体验。如果你是教师，你将会感受如何通过"汽车"驾驭课堂；如果你是学生，你将会和"汽车"一起驰骋在化学的世界中。

我们真诚地希望广大教育界同人和学子们在阅读和使用本书的过程中提出宝贵意见。我们将集思广益，不断改进课堂教学，努力做好学科服务。

人大附中化学教研组

2021 年 8 月